나는 남편이 없습니다

나는 남편이 없습니다

"잠시의 망설임도 없이 〈나는 남편이 없습니다〉로 하겠다고 했다.
목사 아내는 남편도, 목사도 없는 정말 외로운 존재다."

장 경 애

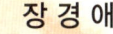

한국교회문화사

차례

추천사

평생 누군가의 버팀목이 되기 위하여 애쓰신 걸음에 박수를 보내며 / 13
김운용 목사 (장로회신학대학교 총장대행, 신학대학원장)

소망의 끈을 부여잡게 하는 메시지 / 19
이용호 목사 (서울영천교회 원로, 예장고신 증경총회장)

마음으로 우려내는 삶의 미학 / 21
조진형 목사 (문인, 음악가)

"누님같이 생긴 수필" / 22
홍인종 목사 (장로회신학대학교 교수)

목회자에게 아내에 대한 이해가, 사모에게 위로가,
자녀들에게 사랑이 있기를 / 24
홍정길 목사 (남서울은혜교회 원로목사)

프롤로그

제 1 부 / 이름 없이 빛도 없이

나는 목사의 아내입니다 / 37
나는 야~ 영원한 천사 누나 / 42
목사님은 남편감 1순위 / 48
나는 남편이 없습니다 / 54
구레네 사람 시몬처럼 / 59
목사 아내와 반창고 / 64
쓰레기봉투와 목사님 / 70
한 사모의 아픈 마음으로 보는 목회자들의 불륜 / 76
나는 남편이 있습니다 / 82
목사 아내와 부부 싸움 / 88
목사 아내와 일관성 / 94
나의 갈 길 다 가도록 / 100
사모님! 건강하게 삽시다 / 105
마(魔)의 8분 속에서 / 110

제 2 부 / 깨닫고 실천하며

새해에 구할 것, 지혜 / 117
은혜받았다는 것은 / 123
구레네 사람 시몬같이 2 / 128
이 시대에 놀랄 만한 이야기 / 133
예수님과 붕어빵 / 139
주일성수에 관한 이야기 / 144
이름처럼, 이름같이 / 149
봉사 유감 / 155
주와 함께 그날까지 / 160
하나님 마음에 합한 겸손 / 164

제 3 부 / 생각하며 느끼며

하나님 아버지와 하나님 할아버지 / 171
엄마와 기도 / 176
산타크로스 유감 / 181
어느 부활절의 추억 / 185
그때 그 시절 그 추억 / 190
올해도 성탄을 기다립니다 / 195
다른 사람의 선입견에도 귀 기울이자 / 200
봄과 코로나바이러스 / 205
사람. 사람 인(人)자처럼 / 209
나와 우리의 퀘렌시아 / 214

제 4 부 / 지금까지 지내 온 것

아버지와 와이셔츠 / 221
선한 사마리아 사람 나의 외삼촌 / 226
개보다는 나아야지 / 231
돼지보다는 나아야지 / 236
나와 쥐와 얽힌 이야기 / 242
바보가 장군이 되기까지 / 247
'장' 씨 없으면, '최' 씨 없으면 / 252
겨울 그리고 화초 / 256
서울 촌놈과 기차여행 / 260
휴가와 코로나19 / 265
나의 외갓집 / 269
오누이 / 274
올해도 과꽃이 피었습니다 / 279
깊어가는 가을 / 283

추천사

김운용 목사 (장로회신학대학교 총장대행, 신학대학원장)
이용호 목사 (서울영천교회 원로, 예장고신 증경총회장)
조진형 목사 (문인, 음악가)
홍인종 목사 (장로회신학대학교 교수)
홍정길 목사 (남서울은혜교회 원로목사)

(가다나 순)

추천사

평생 누군가의 버팀목이 되기 위하여
애쓰신 걸음에 박수를 보내며

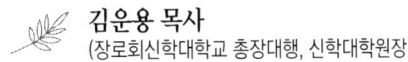 **김운용 목사**
(장로회신학대학교 총장대행, 신학대학원장)

인생은 누군가의 도움이 있어 세워진다는 생각을 시간이 갈수록 더 갖게 됩니다. 누군가의 버팀목이 있어 이만큼 세워져 왔다는 생각을 지울 수가 없습니다. 아무래도 인생의 전반부는 부모님이, 중반부에는 배우자가, 또 나이 들어가면서 자식이 인생의 버팀목이 되고 있음을 부인할 수가 없습니다. 또한, 걸어온 인생길 돌이켜보면 하나님의 은혜로 살아왔다는 고백이 나이가 들어갈수록 더 새로워지는 것도 느낍니다. 버팀목, 그것은 큰 나무가 된 다음에는 흔적도 없이 사라지고 없을지 모르지만 나를 세워준 소중한 자산이었습니다.

사실 목회자의 아내로 산다는 것, 즉 '사모'로 산다는 것은 평생 누군가의 버팀목으로 사는 길입니다. 늘 뒷전에서 기도로 돕고, 무거운 짐은 함께 지고, 힘들 때는 함께 울고, 답답하고 힘든 일 앞에서는 늘 토닥이면서 걸어가야 하는 길이기도 합니다. 늘 뒤에 서 있어야 하고, 묵묵히 참고 걸어야 하는 길이며, 때론 드러나지 않아 존재감도 없고 박수와 축하를 받아야 할 일은 다 누군가에게 돌려야 하고, 속상한다고 함부로 말을 할 수도 없고 속으로 삭여내야 하는 외로운 길이기에 특별한 소명과 사랑이 아니면 걸어가기 어려운 길이기도 합니다. 기도하면서, 예배드리면서 위로부터 내리시는 힘을 공급받지 않는다면 걸어갈 수 없는 길이기도 합니다.

그 어려운 길을 걸어가면서 기도하고, 말씀 묵상하고, 하나님과 성도들 앞에 늘 자신을 바로 세우려고 몸부림치는 길, 자신의 꿈도, 바라는 것도 다 접고 오직 하나님의 교회를 세우는 일과 사역에 초점을 맞추고 가야 하는 길이기에 아무나 걸을 수 없는 길이기도 합니다. 문학소녀의 깊은 감성을 가지고 대학에서 전공으로 교육학을, 부전공으로 국문학을 공부하신 후 교육자의 길을 걷고 싶었지만 목회자의 길을 걷는 남편을 만나고, 하늘의 깊음 부르심(calling)을 가슴의 품고 모든 것을 내려놓고 평생을 그 힘든 길을 달리는 동안 장경애 사모님은 꿈틀거리는 통찰력과 감성을 사랑하는 사람들과 나누기 위해 남편 목사님의 권유로 글을 쓰기 시작하셨습니다. 함께 그 길을 가는 사람들에게는 위로와 격려였고, 지로(指路)하는 안내판이었으며, 동심과 영성을 일깨우는 속삭임이었습니다.

사모님의 글을 신문과 SNS를 통해 자주 읽으며 잃어버린 감성과 영성을 일깨워주고는 했는데 막상 부탁받은 추천의 글을 쓰려 하니 어떤 내용을 담아야 하나 많이 고민이 되고 망설여졌습니다. 그러다 문득 복효근 시인의 글에 깊이 고개가 깊이 끄덕여졌고 내 인생의 버팀목이 되어주신 누군가가 깊이 생각이 났습니다.

"태풍에 쓰러진 나무를 고쳐 심고
각목으로 버팀목을 세웠습니다
산 나무가 죽은 나무에 기대어 섰습니다

그렇듯 얼마간 죽음에 빚진 채 삶은
싹이 트고 다시
잔뿌리를 내립니다

꽃을 피우고 꽃잎 몇 개
뿌려 주기도 하지만
버팀목은 이윽고 삭아 없어지고

큰바람 불어와도 나무는 눕지 않습니다
이제는

사라진 것이 나무를 버티고 있기 때문입니다

내가 허위허위 길 가다가
만져 보면 죽은 아버지가 버팀목으로 만져지고
사라진 이웃들도 만져집니다
언젠가 누군가의 버팀목이 되기 위하여
나는 싹틔우고 꽃피우며
살아가는지도 모릅니다."[1]

 버팀목, 참 멋진 말입니다. 잘 눈에 보이지 않고, 시간이 가면 큰 나무로 자란 자리엔 그것은 사라지고 없지만 "사라진 것은 나무를 버티고 있기 때문"이며, 만져 보면 만져진답니다. 평생을 목사의 아내로 버팀목의 길을 묵묵히 걸어오신 사모님께 박수를 보내며, 그 길목에서 기도하며, 말씀 앞에서 몸부림치셨던 그 흔적들을 읽으며, 책을 읽는 분들이 지금은 보이지 않는 버팀목을 깊이 생각해 내는 작용점이 되었으면 하는 마음과 나도 누군가에게 더 좋은 버팀목이 되어야지 하는 마음을 불러일으킬 수 있기를 바라는 마음입니다. 저의 인생도 지금 사라지고 없지만 만져 보면 늘 만져지는 버팀목으로 역할 해 주신 부모님이 생각나

---

[1] 복효근의 시, "버팀목에 대하여," 전문, 〈새에 대한 반성문〉 (서울: 시와 시학사, 2000)

종종 그리움에 울컥하고, 30여 년을 함께 걸어왔고, 함께 늙어가는 아내에겐 늘 서툴지만, 감사의 말을 자주 건네려고 더 노력합니다. 오늘까지 지지해 준 '버팀목'이 고맙고, 감사하기 때문입니다.

나흘 째 영하 20도가 가까운 혹한과 1년 남짓 이어지는 코로나 팬데믹으로 인해 온 땅이 꽁꽁 얼어붙어 있는 때, 장경애 사모님께서 평생 달려오신 길목에서 부르는 이 노래들이 누군가에게는 희망이 되고 위로가 되었으면 좋겠습니다.

> "추운 겨울의 끝에서
> 희망의 파란 봄이
> 우리 몰래 우리 세상에 오듯이
> 우리들의 보리들이 새파래지고
> 어디선가 또 새 풀이 돋겠지요…"[2]

주님 때문에 혹한의 이 겨울 한복판에서 우리는 희망가를 다시 꺼내 부릅니다. 치열한 목회 현장에서 늘 엎드리고, 사랑으로 품어내는 버팀목의 인생을 힘차게 살아내면서 늘 앞서 희망가를 부르시고, 진솔하게 그 노래를 들려주신 것에 대해 저자에게

---

2) 김용택의 시, "사랑" 일부.

감사와 축하를 보냅니다. 답답함이 더 많은 세상 길에서 이 책을 통해 눈 덮인 겨울 들판에서 더욱 파래지는 보리밭처럼 더 푸르러지시길 빌고, '아픔이 컸으나 그로 인해 세상은 더 넓어지고 세상만사와 사람들 몸짓 하나하나도 다 예뻐 보이고 소중하게 다가온다'는 고백이 부디 우리 모두의 고백이 될 수 있으면 좋겠습니다.

추천사

소망의 끈을 부여잡게 하는 메시지

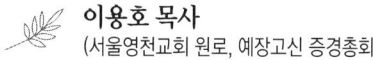
이용호 목사
(서울영천교회 원로, 예장고신 증경총회장)

　예수님은 한 권의 책이나 한 줄의 글도 남기지 않았습니다. 친히 땅바닥에 쓰신 '너희 중에 죄 없는 자가 먼저 돌로 치라'라는 글씨마저도 흔적이 없습니다.
　그러나 하나님의 말씀은 선지자와 사도들을 통하여 영감된 계시로 기록되었습니다.
　우리 주위에는 수많은 수필 글들이 있습니다. 문인이면 누구든지 쓸 수 있는 것처럼 된 현실이지만 그래서 작가님도 끼어든 듯하지만 장 작가님은 분명히 글을 쓰는 이유가 있습니다. 그것은 누구나 쉽게 읽고 공감할만한 보편적인 의미가 담겨있기 때문입니다.
　작가님은 혼자 쓴 글이 아닌 성도들의 아픔을 안고 함께 쓴 듯이 상처와 아픔과 고통을 표현하고 있고 어떤 대목에는 사회와 교회의 부조리와 모순에 대해 분노와 절망을 새기며 영적으로 통곡하는 신음을 느끼게도 합니다.

그러면서도 서정성이 수필의 문학적인 본질인데 글의 흐름 속에는 서정의 물기가 촉촉히 배어 있는 감성을 느끼게 합니다.

무엇보다도 작가님의 글은 하나님의 나라와 의를 구한대로 귀결됩니다. 그래서 설교적인 메시지도 되고 깨닫고 분별하게 하는 교훈도 주고 있습니다.

작가님의 글은 삶과 사역의 현장에서 겪는 그리스도인의 아픔과 분노와 절망과 통곡을 여과시켜서 마침내 죄인들이 하나님께 소망의 끈을 부여잡게 하는 메시지를 던져 주고 있습니다.

격려와 박수를 보냅니다.

추천사

마음으로 우려내는 삶의 미학

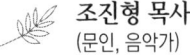
조진형 목사
(문인, 음악가)

데카르트가 "나는 생각한다. 고로 존재한다."라는 말을 했다. 여기서 말한 생각은 그 자체가 나의 실존이라는 생각을 한다. 내 나름의 이 표현은 수필가 장경애의 수필을 읽으면서 받은 느낌이다.

작가 장경애는 우리가 일상 체험하는 세상사에서 받은 경험을 마음으로 받아들여 새롭게 그려낸다. 그렇게 그려낸 세계는 실로 다른 세계, 기대해도 좋은 새로운 실존이었다. 그래서 나는 그의 작품을 "마음으로 우려내는 삶의 미학"이라고 말한다.

장경애 작가의 글은 순박하고 따뜻한 마음으로 하얀 백지 위에 곱게 그려진 수채화다. 그것을 모아 한 권의 책으로 이 세상에 탄생하게 됨을 그 누구보다도 기뻐한다.

추천사

"누님같이 생긴 수필"

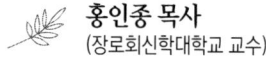
홍인종 목사
(장로회신학대학교 교수)

저는 장경애 사모님을 종종 누님이라 부릅니다. 누님으로 불러 드리면 좋아하시기 때문만은 아닙니다. 누나 없이 자란 저에게 누님이란 호칭은 친근함과 그리움을 품고 있는 정감(情感) 어린 표현입니다. 그래서 장경애 사모님은 마치 서정주 시인의 "국화 옆에서"라는 시에 "이제는 돌아와 거울 앞에선 내 누님같이 생긴 꽃이여"를 연상케 합니다.

그런 누님께서 〈나는 남편이 없습니다〉라는 도발적인 제하로 수필집을 내셨습니다. 사실 장경애 사모님은 교육학을 전공했지만, 수필가이며 칼럼니스트로 널리 알려진 분입니다.

그동안 거울 앞에 서서 자신을 보고 남편과 딸을 보고, 교회와 세상을 보면서 썼던 글들을 정선(精選)하여 오래된 문학소녀의 꿈을 누님같이 생긴 수필집으로 빚어내었습니다. 작은 체구로 거대한 남편 목사님을 누님처럼 품에 안고 쓰다듬고, 울고 웃으며 쓴 목사 사모의 체험적 이야기입니다. 이름도 없이 그냥 목사 사모로 불리면서도 삶의 현장에서 떠오른 단상들을 진솔하고, 번뜩이는 지혜로 표현하였기에 읽는 독자에게 큰 울림을 주는 수필들입니다.

거울에 비추어 보듯 자신을 성찰하게 만들고, 꽃에서 누님을 보듯 영감(靈感)이 넘쳐나는, 살아 꿈틀거리는 누님 수필집이기에 기쁨으로 추천합니다.

추천사

목회자에게 아내에 대한 이해가,
사모에게 위로가,
자녀들에게 사랑이 있기를.

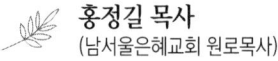 **홍정길 목사**
(남서울은혜교회 원로목사)

장경애 사모님의 수필집을 보면서 저로 하여금 많은 생각을 더 하도록 했습니다. 1967년 신학교에 입학했을 때 목회자의 매니페스토(Manifesto)가 하나 있었는데, '목회자는 불고가사(不顧家事)라.' 하는 말씀이었습니다. 오직 하나님께 매인 인생이기 때문에 가정의 사사로운 일엔 관심이 없어야 좋은 목사고, 그렇게 생애를 헌신하는 것이 바른 헌신이라고 마음속에 각인이 되어있었습니다.

많은 세월이 흘렀습니다. 이제 나이 팔십을 넘어 지난날 목회를 회고해 보면, 가장 큰 마음의 아픔은 가정을 바로 섬기지 못하여, 아내와 아이들에게 입힌 상처입니다. 아이들은 자기 의지와 상관없이, 목사의 자녀란 것 때문에 중압감을 받고 그로 인하여 상처를 받은 점을 생각할 때 마음이 아픕니다. 그런데, 자녀들이 당하는 어려움을 가까이에서 보고 있는 엄마는 더 큰 아픔을 가지고도 내색도 못하고 당시 교회가 요구하는 목사상을 쫓아 목사와 함께 달려갈 수밖에 없었던 점을 생각하며, 하나님 앞에 가장 많이 구하는 기도 제목은 다음 아닌 자녀와 가족을 향한 기도가 되었습니다.

장경애 사모님의 글을 보면서 많은 생각을 하게 되었습니다. 처음에 사모님의 수필을 읽어보고 서문을 써달라고 요청이 왔을 때는 단순하게 사모님들의 좋은 길잡이가 될 책이라는 개념을 가지고 읽기 시작했는데, 수필을 다 읽고 나서 이 책은 목사들이 읽어야 할 책이라는 생각이 들었습니다.

사모들은 서 있으면 서 있다고, 앉아 있으면 앉아 있다고 수군거림의 대상이 되기 때문에 설 수도, 앉을 수도 없이 엉거주춤한 자세가 바로 사모의 자세라는 얘길 들은 적이 있습니다. 당시는 그냥 웃고 넘겼던 이야기였지만, 이 수필 하나하나를 읽으면서 장경애 사모님의 생애 속에 지나갔던 많은 어려움을 잘 보여줄 뿐 아니라, 한 걸음 더 나아가, 주님께서 사모님에게 주신 아름다운 감성으로 어려운 인생 속에서도 잘 보이지 않는 마음 깊은 곳에서 아름다운 보화를 발견하고 주님의 은총을 곳곳에서 얻게 됩니다.

우리나라 박수근 화백의 그림을 볼 때마다 6.25 직후 그 시절을 지났던 저는 가난했던 나라, 헐벗고, 배고팠고, 추웠고, 볼 것도, 들을 것도 없는 그 시대의 모습이 삶 전체로 다가와 그때에 나를 깊이 빠지게 합니다. 그런데 박수근 화백의 그림을 계속 보고 있노라면, 오히려 아스라이 먼 그 옛날의 아픔들이 치유되고, 그 고통의 세월이 아름다움으로 다가서는 것을 느끼게 되고 그때마다 역시 국민화가라는 생각이 듭니다. 이분은 사실 학력도 없고, 작품이 살아생전 사람들에게 크게 주목을 받지 못했지만, 세월이 가면 갈수록 우리에게 지난 세월 속에 당했던 고통이 아름다움으로 승화되는 그 모든 과정을 보게 될 때마다 마음에 깊은 경외감을 갖게 됩니다.

장경애 사모님은 여성이기 때문에 여성의 섬세한 감수성으로 쓴 첫 글 '서울, 촌사람' 거기서부터 그 어려운 시절이 내게 다가설 뿐 아니라, 그 어려움 속에서 그냥 슬프고, 고통스럽고, 외로움으로 끝나지 않고 그 속에서 뿜어져 나오는 아름다운 것들을 다시 되새겨볼 수 있었던 점이 참 좋았습니다. 진주가 이물질의 아픔 때문에 생겨난 것처럼 이런 글들이 표출될 때 사모님들 속에 묶여있던 아픔들이 열려서 인생이 더 겸손하고 소박한 것에서 아름다움을 뽑아내는 이런 치유의 현장이 될 것으로 생각합니다. 그뿐만 아니라 이 글을 읽는 목회자마다 하나님께서 사랑의 1번 대상으로 맡겨주신 아내를 사랑하기 시작하는 목회자의 길을 찾지 않을까 생각합니다.

목회자들은 나라는 물론 세계까지도 사랑하고 사랑하려 한다고 생각하며 살 수 있습니다. 그러나 그 속에는 한 사람이 없을 수 있습니다. 교회나, 공동체나 나라와 세계를 사랑한다고 하면서도 거기에는 한 사람, 아내가 없습니다. 하나가 없으면 둘이 없고, 또 열이 없고, 백, 천, 만이 없게 됩니다. 우리는 시작이 없는 막연한 추상명사를 붙들고 잘못 사는 경우가 많습니다. 그 사랑은 제1번지인 한 사람, 내 아내를 사랑하는 사랑으로 시작됩니다. 아담은 하나님께서 만드신 이브를 처음 보고, 이렇게 고백을 합니다. "이는 내 뼈 중의 뼈요 살 중의 살이라"(창 2:23)라고.

여기서 우리의 사랑은 시작됩니다. 그리고 그 사랑이 자랍니다. 그 속에서 자녀들이 사랑을 먹고 자랍니다. 여기서부터 교회 안에서의 진정한 사랑이 실현되는 것을 참 많이 보아왔습니다. 장경애 사모님의 그 아름다운 감성의 고백이 담긴 수필들이 우리 앞에 펼쳐 보이는 책으로 나온다고 생각하니 감사가 저절로 나옵니다. 이 책을 통해서 한 목회자의 인생에 가장 중요한 가정 안에서 축복이 시작되는 계기가 되가 되기를 간절히 기대해봅니다.

첫째, 목회자들이 사랑하는 아내를 새롭게 만나는 실마리가 되기를 바랍니다.

둘째, 이 세상에서 홀로 외로운 싸움을 한다고 생각하시는 사모님들에게 큰 위로를 받는 축복이 있기를 바랍니다.

셋째, 자녀들은 아빠와 엄마를 알아가면서 부모의 사랑을 확인하는 축복이 있을 것을 기대합니다. 또 나아가 어떤 성도들은 목회자의 가는 길을 이해하면서 목회자를 위한 깊은 기도의 뒷받침이 되는 축복이 있기를 기대합니다. 귀한 글 감사하며, 많은 분에게 도움이 되기를 바랍니다.

프롤로그

프롤로그

무슨 말로 시작할까? 가슴이 뛴다. 감사함으로 뛰는 가슴을 잠재우며…

하나님 은혜의 산물이다. '나'라는 사람이 이 땅에 온 것부터 오늘 이 책이 출판되기까지의 모든 것이 다 은혜다. 또한 깨닫게 하심은 더 큰 은혜다.

서점에 있는 그 수많은 책에는 반드시 저자가 있다. 어떻게 저런 책을 썼을까 하며 그들이 훌륭해 보이기도 하고 부럽기도 했다. 그러면서 나도 그런 사람이 되고 싶었다. 그 대열에 있고 싶었다. 그런데 드디어 그 소원이 이루어진 것이다. 정말 유치하리만치 기쁘다.

마음에만 맴돌던 이야기를 활자로 풀어 쓴다는 것이 쉬운 것 같으면서도 쉽지 않았다. 그러나 그냥 쓰고 싶었다. 응어리진 슬픈 마음도, 기뻐 벅찬 마음도 모두 다 풀어놓고 싶었다. 하나씩 하나씩 제목을 입혀 써나갔다. 그렇게 쓴 것들이 모여 이렇게 조촐한 책으로 탄생하는 순간이다.

이제 은퇴를 1년을 남겨두고 살아온 날들을 반추해 보며 이 책을 내는 것은 의미 있는 일이라 여겨져 아무 생각 없이 일을 저질렀다. 가슴이 벅차다.

책 제목을 무엇으로 할 것이냐는 질문에 나는 잠시의 망설임도 없이 〈나는 남편이 없습니다〉로 하겠다고 했다. 내 이름으로 책을 낸다면 나는 저 제목으로 내겠다는 생각을 처음부터 해왔다. 사실, 목사 아내에게는 남편만 없는 것이 아니다. 나를 한 성도로 여겨주는 나의 목회자도 없다. 간혹 남편과 갈등하며 목사님을 찾아와 상담하는 성도들을 보면 그런 생각이 들었다. 결국 목사 아내는 남편도, 목사도 없는 정말 외로운 존재다.

목회자 아내로 산다는 것은 외로움으로 살 것이 전제되어 있는지도 모르겠다. 목회 한 가운데 있을 때 나는 "가까이 오지 마세요. 다쳐요."라는 제목의 시를 쓴 적이 있다. 제목에서 풍기는 뉘앙스만으로도 무엇을 의미하는지 알 것이다. 그 어떤 누구와도 가까이 지내면 안 되는 사람이 목회자 아내였다. 그렇게 살아서 그런지 속 터놓고 마음을 나눌 사람이 없다. 그것은 그만큼 조심스럽게 살아왔다는 증거다. 마음이 아팠다. 관계 속에서 어울려 사는 것이 인생이라는데 나는 아무도 없었다. 혹자는 그렇게 말한다. 그렇게 살았기에 36년의 긴 여정이 무탈한 것이었다고.

 내 인생을 돌아본다. 어릴 때는 부모님 밑에서 아무 것도 모르고 4남매의 맏딸로 가족과 사랑을 나누며 철부지처럼 살았다. 결혼과 함께 나는 정말 어른이 되었다. 신학생의 아내로, 그 후로는 목사 아내로 늘 그림자처럼 살아왔다. 이제 금년 말이면 37년의 긴 여정의 목회 종지부를 찍는다. 37년 동안의 희로애락의 일들이 주마등처럼 스친다.
 인생이란 연습 없이 인생이라는 무대에 올라 오직 한 번의 주인공이 되어보는 연극이기에 하루하루를 성실과 인내와 기도로 살아야만 실수와 후회가 적은데 그렇게 살지 못한 것만 같아 나를 세상에 보내신 하나님께 그리고 나를 낳아서 길러주신 부모님께 죄스럽기만 하다.
 나의 부모님은 함께 늘 자녀들을 위해 기도하셨다. 지금은 백세를 바라보시는 아버지께서는 이 땅에서, 그리고 엄마는 하늘에서 자녀를 위해 기도하고 계실 것이다. 나의 엄마가 사무치게 보고 싶고 그립다. 나는 어머니라는 말보다 엄마라는 말을 더 좋아한다. 엄마라는 단어가 훨씬 더 친근하기 때문이다. 그것은 엄마라는 호칭은 오직 나를 낳아주시고 길러주신 분에게만 하는 아름다운 이름이다. 친구 엄마에게 어머니라고는 해도 엄마라고 말하는 사람은 없으니까 말이다. 그렇게도 보고 싶은 나의 엄마께 이 초라한 책을 바친다. 그리고 이 책이 나오기를 손꼽아 기다리고 있는 멀리 있지만 아주 가까이에 있는 때로는 친구 같고, 때로는 선생님 같고, 때로는 동생 같은 하나 뿐인 내 사랑하는 딸과 말없이 기도로 마음으로 응원해 준 아들 같은 사위 목사에게 제일 먼저 이 책을 보내 주고 싶다.

  비록 보잘 것 없는 책이지만 이 책이 세상에 나오게 하는데 물심양면으로 격려해주고 힘을 공급해 준 남의 편인 내 남편에게 고맙다는 말을 비로소 하고 싶다. 그리고 이 책이 손에 들어오기까지 수고하신 분들이 있다. 그분들께 감사의 말 씀을 전한다. 그리고 이 모든 감사와 영광을 하나님께 돌린다.

제1부

이름 없이 빛도 없이

인생을 살아가는데 필요한 것이 많이 있지만,
그중에서 누구에게나 필요한 것이 있다면
나는 멘토라고 말하고 싶습니다.

나는 목사의 아내입니다

〈교회와신앙〉에 글을 쓰기로 마음먹으면서 총 제목을 무엇으로 할까 망설이는데 목사님인 내 남편이 말하기를 〈나는 사모입니다〉가 좋겠다고 했다. 그런데 나는 그 말에 찬성하지 않았다. 그 이유는 여러 가지가 있겠지만 우선은 나 자신이 나를 지칭하여 사모라고 하는 것이 격에 맞지 않게 여겨졌기 때문이다. 그래서 같은 뜻이기는 하지만 말을 바꾸어 〈나는 목사의 아내입니다〉로 바꾸기로 했다.

나는 아내라는 말을 참 좋아한다. 단어에서 풍기는 뉘앙스가 참 좋다. 한 번도 누구에게 나를 소개하거나 글을 쓸 때 사모라는 말을 써 본 적이 없다. 솔직히 사모라는 말이 부담스럽다 더구나 어린아이들이 사모님이라 부를 때에는 더욱 그러하다. 아무 의미도 모르는 채 부르는 것이 괜스레 미안하기도 하고, 불편하기도 하다. 그래서 이전에는 교회 안에 남자아이들에게는 '누나'라 부르게 하고, 여자아이들에게는 '언니'라 부르게 하는 코미디를 연출하기도 했다. 그 말이 생뚱맞기도 하고, 어처구니없게 여겨지기도 하겠지만 그렇게 하는 것이 훨씬 즐거웠고, 나 스스로가 사모라는 말을 쓰기에 즐겨 하지 않았다는 증거이기도 하다. 물론 지금은 그렇게 하지 못한다. 너무 늙었기 때문이다. 이제는 언니 혹은 누나라 부르라고 하면 그런 나를 정신병자로 볼 수도 있을 것이다. 부목사 중 6살짜리 아들이 있는 목사가 있다. 그 아들에게 나를 누나라 부르라고 했더니 아주 의아한 눈으로 나를 바라본다. 그리고 하는 말이 "에이, 누나가 뭐 이렇게 늙었어."라고 하는데 창피하기도 하고, 당황하여 숨고 싶었다. 그래서 요즘은 모든 아이에게 그저 '할미'라 부르게 한다. 얼마나 정겨운지 모르겠다.

가끔 나에게 사모가 되고 싶다고, 어떻게 사모 노릇을 잘 할 수 있겠냐고 묻는 사람들이 있다. 그럴 때마다 나는 이렇게 단호하게 말하곤 한다. 사모가 되려 하지 말고 한 남자의 지혜롭고 현명한 아내로 살라고 말이다. 아내인 나로 인해 남편이 불편함 없이 생활할 수 있게 만드는 아내가 되라고 힘주어 말한다.

목사의 아내로 살아온 지 30여 년이 지났다. 엊그제 목사의 아내가 된 것만 같은데 세월은 전혀 비껴가지 않았다. 은퇴라는 단어가 제법 익숙하게 다가오고 있다. 그러면서 지나온 날들을 돌아보게 되었다. 목회자의 아내라고 하면 상대방 입에서 나오는 첫 마디는 "힘드시지요?"라는 말이었다. 정말 그들이 생각하는 것만큼 힘들었는지 생각해 본다. 그리고 힘들었다면 무엇 때문에 힘들었는지도 생각해 본다. 그렇지만 그렇게 말하는 사람에게 아니라고 말할 수도 없고, 그렇다고 말하기에 미안함을 느낄 때가 얼마나 많은지 모르겠다. 사실 힘들 때도 있었다. 그 원인이 반드시 성도 때문만이 아니라 목사인 남편 때문에 힘든 때도 있었음이 솔직한 고백이다. 아니 남편인 목사 때문에 힘든 때가 더 많았다.

나는 부교역자 아내 노릇을 해본 적이 없이 신학교 다니는 남편과 결혼하여 교육전도사 아내 시절을 겪고는 바로 담임 목사의 아내가 되었다.

아무도 나에게 목사 아내의 고충에 대해 구체적인 말, 아니 힘들 것이라는 말조차 해 준 사람도 없었다. 물론 집안에 목사의 아내가 몇 분 계셨지만 그들은 나보다 훨씬 연세가 많은 할머니와 작은어머니였기에 자신들의 아픔이나 고통을 내색하지 않으셨는지, 고난을 하나도 겪지 않으셨는지 전혀 알 길이 없다. 비록 고난이 많았다 해도 조카이고, 손녀인 나에게까지 나타나지 않았던 것만은 분명하다. 어린 시절 저의 눈에 비친 할머니와 작은어머니는 참으로 멋있는 모습이었다. 교회 안에서 많은 사람의 존경을 받는 세련되고 품위 있는 모습으로만 보였다. 그래서 목사 아내에 대한 아무런 생각도 없었고, 힘들 것이라는 것은 상상조차 하지 못했다.

그런 가운데 나는 떠밀려 목사의 아내가 되었다. 단지 권사님이셨던 나의 친정어머니께서 교회에 부임이 결정되었을 때, 몇 가지 주의 사항을 말씀해 주신 것이 전부였다. 그러나 나는 나만 잘하면 된다는 생각에 그런 말씀도 쇠귀에 경 읽기처럼 듣고 넘겼다. 그래도 처음 부임했을 때 얼마나 긴장했었는지 지금 다시 초창기로 돌아가라고 하면 못할 것 같다. 목사들은 신학교에서 목사 교육을 받고 또 소명 의식을 가지고 목사가 되지만 목사 아내는 사모가 되기 위해 의무적으로 받아야 하는 교육은 없다. 아무튼 아무것도 모른 채 목사의 아내라는 것만으로 목사 사택에 여주인으로 살기 시작했다. 그런데 시간이 지나면서 '목사의 아내' 하면 '힘들다'가 동격이 되는 줄 차츰 알게 되었다. 크고 작은 힘든 일을 겪을 때마다 절실하게 떠오른 생각은 이럴 때 누군가가 나에게 경험을 통해 얻은 지혜로 조언을 해준다면 얼마나 유익할까 하는 생각이 들었다. 바로 멘토가 필요함을 절실히 느끼게 되었다.

인생을 살아가는데 필요한 것이 많이 있지만, 그중에서 누구에게나 필요한 것이 있다면 나는 멘토라고 말하고 싶습니다. 무엇 때문인지, 누구 때문인지를 막론하고 고충을 겪을 때 멘토가 있다면 소극적으로는 그 고통이 반으로 줄어들 것이고, 적극적으로는 당한 고난이 더 귀한 열매로 맺혀질 것이라는 생각입니다.

선배 사모님들이 후배 사모님들에게 훌륭한 멘토의 역할을 해 주는 것은 필연이라는 생각이다. 선배 사모님들이 후배 사모님들에게 자신들이 경험한 크고 작은 일들을 객관화하여 이야기해 주면 얼마나 좋을까 하는 생각이 들 때가 한두 번이 아니었다. 사건 자체에 대한 푸념을 말하는 것이 아닌 사건을 통해 얻은 교훈과 지혜를 말해 주는 것은 후배 사모님들에게 큰 도움이 될 것이다. 그리고 목회자 선 후배의 아내들이 자신이 겪은 아픔을 나눌 때 위로도 받고, 책에서 얻을 수 없는 산 지혜를 얻게 될 것이므로 내조의 효과도 있을 것이다.

이왕 목사의 아내가 되었으면 남편인 목사도 승리하고, 아내인 사모도 승리해야 하지 않을까? 목사 아내들이여! 멘토가 되십시오. 멘토를 찾으십시오.

[20160101]

나는 야~ 영원한 천사 누나

　목사의 아내라는 것만으로 성도들은 나를 사모님이라고 부른다. 신학생과 결혼한 후, 처음 사모님 소리를 들었을 때 얼마나 어색했는지 대답도 잘하지 못했던 기억이 난다. 그리고 담임목사 아내가 되어 전도사 아내 시절부터 들어왔던 사모님이라는 호칭이 어색하면서도 어느 정도 익숙해지기 시작할 무렵, 부목사의 어린 자녀들조차 나를 사모님이라고 부르는 소리를 들었을 때 처음 어색했던 것과는 또 다른 어색함이 나를 머쓱하게 했다. 어른 성도들에게서 듣는 사모님 소리도 부담스러운데 그 어린아이들에게서 듣는 사모님 소리는 부담도 되지만 마음이 편치 않았다.
　부목사님 자녀들의 나이는 미취학 아이들이 대부분이고 그나마 학교에 다니는 아이들은 자기 나름의 교회학교가 있어 서로 만날 기회가 적으므로 별문제가 되지 않지만, 유치원에 다니거나 그보다 더 어린 작은 아이들은 엄마의 치맛자락에 맴돌고 있으므로 주일마다 만나게 된다.

  그렇게 아이들을 만날 때면 사모님이라는 호칭을 대신할 것이 없을까 생각해 보던 중, 생각해 낸 것이 그 나이와 상관없이 남자아이들에겐 나를 '누나'라 부르게 했고, 여자아이에겐 '언니'라 부르게 했다. 그런데 이런 내 생각이 여러 차례에 거친 훈련을 통해 그다지 어렵지 않게 이루어지게 되었다.

  1980년 후반기에 우리 교회 부목사님 자녀 중에 만 3세의 여자아이가 있었다. 매 주일 교회에서 만나면 한 번씩 안아주고, 말하는 모습이 너무 귀여워 이 말 저 말 시키며 재롱을 즐기곤 하였다. 어떤 날은 내 품에 안겨 자기 엄마를 따라가지 않고 우리 집으로 나와 함께 가겠다고 하기도 하였다. 난, 이 아이에게 나를 언니라고 부르도록 강요하고 훈련시켰다. 그 결과, 별 어려움 없이 성공하였다. 완전히 세뇌되었다고 확신했을 때, 성도들 앞에서 내가 누구냐고 이 아이에게 묻자 이 아이는 나를 서슴지 않고 '언니'라고 말하는 것이었다. 성도들이 너무하다며 이런 억지가 어디 있느냐 하면서 즐거운 심술(?)을 부리기도 했지만 나는 내 생각이 이루어지는 것을 보며 짓궂은 행복을 느꼈다.

  어느 날, 이 아이가 자기 엄마에게 언니네 집에 놀러 가겠다고 했다고 한다. 그러나 이 아이의 엄마인 사모님은 이 언니가 나의 딸을 지칭하는 줄 알고 "언니는 지금 학교에 갔으니 언니 오면 놀아라"라고 했단다. 그러자 이 아이는 "아니, 큰언니와 놀 거야"라고 했다는데, 여기서 말하는 큰언니는 물론 나를 두고 한 말이었다. 이렇게 하여 나는 30살 어린 예쁜 여동생을 두게 되었다.

이렇게 나의 계획은 성공했고, 계속해서 부교역자 자녀들이 나를 언니, 혹은 누나라고 부르는 것을 즐기고 있었다. 그렇게 지내던 중에 아주 재미있는 일이 발생했는데 그 이야기는 다음과 같다.

우리 교회에 2000년 초부터 2년 남짓 동안 계시던 목사님에게는 나이보다 의젓한 만 3살짜리인 아들이 있었다. 이 아이는 생긴 모습부터가 곱살스럽게 생긴데다 실제로 세심하고 예의 바르고 신중한 아이였다. 나는 이 아이를 많이 귀여워했다. 아이들을 별로 좋아하지 않는 내가 이상스럽게도 이 아이만은 별스럽게 좋아했다. 강아지도 저 예뻐하는 것을 안다는데 이 영리한 아이가 내가 자기를 예뻐함을 모를 리 없었을 것이다. 아무튼 이 아이 역시 무척이나 나를 따랐다. 다른 부목사님들이 질투하는 눈초리가 있어 애써 태연한 척 외면도 해 보았지만, 사랑의 마음은 숨길 수가 없었다.

물론 나는 이 아이에게도 누나였다. 그 아이는 누나가 무엇인지 누나에 대한 개념도 없는 나이였지만 나를 누나라고 칭하기에 한 치의 의심할 여지도 없이 만날 때마다 너무도 자연스럽게 나를 "누나"라고 불렀다. 나는 자타가 인정하는 그 아이의 누나였다. 결국 나는 마흔서너 살 차이 나는 누나가 된 것이었다. 성도들은 질투의 눈으로 말도 안 된다고 하면서 그 아이로 하여금 "할머니"로 부를 것을 설득하고 또 강요했지만 그러면 그럴수록 그 아이는 나를 누나라고 확신에 차서 불렀다. 심지어 할머니라고 부르라는 성도들에게 "아니야, 누나야!"라고 볼멘소리로 말하기도 했다. 때로는 할머니로 부를 것을 강요하는 성도에게 눈시울을 붉히며 대들 듯한 표정과 몸짓으로 응수하였다. 나는 겉으로나, 내심으로나 많이 행복하고 또 즐거웠다.

이제 더는 방해하는 자 없는 자타로부터 공인된 다정한 오누이로 지내던 어느 날, 가슴 철렁한 일이 생겼다. 그것은 이 아이가 나를 누나라고 부르질 않는 것이 아닌가? 드디어 올 것이 온 것인가 하며 숨을 죽이는 순간, 정말 듣기에 미안하고 민망스러운 호칭으로 나를 부르는 것이었다. 그 호칭은 다름 아닌 '천사'라는 호칭이었다. 얼마나 놀랐는지 모른다. 아니, 다른 사람이 들으면 그것도 내가 세뇌시킨 것으로 알고 더 열렬히 질투할 것이 분명했다. 당황스러운 마음으로 그 아이 엄마인 사모님에게 물었다. 그러나 사모님 역시도 가르치기는커녕 그런 말을 해 본 적도 없다는 것이었다. 단지, 유치원에서 천사에 대해 배운 것 같다고 했다.

어린아이에게서 듣는 천사라는 말이 아무리 어린아이가 하는 말이라도 은근히 기분은 좋았지만, 한편으로는 천사 같지 않은 내 마음이 스스로 부끄러웠고 또한 못된 내 성품이 도리어 보이는 듯하여 민망하기 그지없었다.

그렇게 천사라고 부르기 시작한 지 며칠이 지난 어느 날부터인가 그 아이는 천사 뒤에다 누나라는 말까지 넣어 '천사 누나'라고 부르니, 그렇지 않아도 사랑스러웠는데 더 사랑스러웠다. 나의 남편인 목사님은 어린아이가 무슨 거짓말을 하겠느냐며 짓궂게 은근히 그 말을 즐기며 놀리기도 했다.

처음엔 놀랄 일도 시간이 지나면 별것 아닌 것이 되는 것처럼 그 말이 익숙해질 무렵, 성도들은 그 말을 확인하고 싶어 그 아이에게 나를 가리키며 "누구냐"고 물었다. 당연히 천사 누나라고 말할 것을 기대하는 사람들에게, 갑자기 나를 물끄러미 쳐다보더니만 천사라는 말을 빼고 그냥 누나라고 하는 것이었다. 모두들 깜짝 놀라 왜 천사 누나가 아니고 그냥 누나냐고 묻기 시작했다. 나는 내 속에 있는 더러운 마음이 아이에게 탄로라도 난 것 같아 부끄럽기까지 했는데, 이 아이의 사려 깊은 설명을 듣고 우리는 모두 웃음보를 터트리고 말았다.

이 아이는 "천사는 날개가 있어야 하는데 누나는 날개가 없잖아요?"라고 말하는 것이었다. 한참을 웃다가 나는 "날개가 거추장스러워 집에다 놓고 왔어"라고 즉흥적으로 말했더니 그 말을 이 아이는 사실로 받아들여 자못 수긍하는 자세로 고개를 끄떡이면서 하는 말이 "아! 그렇구나" 하면서 아주 태연스럽게 다시 천사 누나로 환원시켜 주었다. 전혀 천사 같은 맘씨도 아닌 내가 어린아이에게 천사 소리를 들으며 웃기는 했지만, 한편으로는 어린아이를 통해 나를 돌아보는 계기가 되기도 했다.

그리고 얼마 후, 이 아이의 아빠 목사님은 우리 교회를 떠났다. 떠난 후, 전화로 사모님과 안부를 묻는 중에 이 아이가 나를 기억하느냐고 했더니 기억한다고 했다. 나는 약간의 강요성을 띤 특별 주문을 했다. '잊지 못하도록 잘 지도하라고…'
그리고 이 아이가 초등학교에 다니는 어느 날, 자기 엄마에게 "엄마, 내가 어릴 적에 누구에게 천사 누나라고 했던 것 같은데 그 사람이 누구야? 그리고 이제 만나면 지금도 천사 누나라고 불러야 돼?" 이렇게 질문을 했다고 한다. 그런데 사모님의 대답이 아주 걸작이다.
"아들아! 한 번 천사 누나는 영원한 천사 누나란다!"
참고로 이 아이는 지금 의젓한 대학생이다. 고등학생이 되었을 때 나를 겸연쩍게 대한 기억이 난다. 지금 나를 만나면 뭐라고 부를지 그것이 몹시 궁금하다.

[20090130]

목사님은 남편감 1순위

결혼한 지 얼마 되지 않은 때의 일이다. 친정에 다니러 간 어느 날, 나의 엄마께서 같은 동네에 사는 한 아주머니의 이야기를 하셨다. 그 아주머니는 결혼 적령기에 있는 딸이 있어 신랑감을 찾고 있는데 내 남편 전도사의 친구 중 한 명을 소개해 달라고 했다는 것이다. 그 아주머니는 예수를 믿는 사람이 아니었다. 그 딸 역시 예수를 믿지 않았다. 그런데 어떻게 전도사를 남편감으로 소개해 달라고 하는지 놀람과 동시에 의아해서 이 말이 도대체 무슨 말이냐고 엄마께 여쭈었다. 그랬더니 엄마를 통해 들은 아주머니의 말은 이러했다.

세상이 하도 험악하여 믿을 사람 하나 없는데 목사라면 믿을 수 있을 것 같다는 것이었다. 그 내용인즉, 술 먹지 않고, 바람피우지 않고, 아내에게 폭력을 가하지 않을 가정적인 사윗감을 찾고 있는데 이러한 조건을 충족시킬 사람은 목사가 최적격이라는 생각을 하게 되었다는 것이었다. 험악한 세상에 저런 남편을 꼭 만나야 한다는 굳은 마음을 가지고 있던 차, 마침 신학생과 결혼한 내가 생각났다는 것이었다.

 믿을 남자가 없는 세상에 그나마 믿을 사람이라고는 목사밖에 없다고, 목사는 믿을 만하다고 생각하는 그 아주머니를 순진하다고 해야 할지, 몰라도 너무 모른다고 해야 할지 웃음이 나왔다. 그러면서 그렇게 생각하는 것이 한 편으로는 고맙기도 했지만 씁쓸한 생각이 들었다. 그리고는 목회자의 길이 무엇인지 조금도 모르면서 목사와 결혼하면 행복할 것이라는 단순한 생각이 이해되기도 했다. 그 아주머니는 아마 목사의 아내가 되기만 하면 모든 행복이 굴러 들어온다고 생각하는 것만 같았다.

 그 말을 듣고 나는 나를 돌아보았다. 나는 그 아주머니가 그렇게도 바라는 목사의 아내가 되었으니 감사하며 어깨라도 으쓱대야 했다. 그러나 그렇지 못한 나를 발견하고 부끄러운 마음과 함께 한편으로는 반성도 되었다. 자신과 딸은 예수를 믿지 않는데도 믿을 만한 사윗감 찾는 것이 얼마나 절실했으면 예수 믿는 남자 정도가 아닌, 성직자를 사위로 맞고 싶었을까? 과연 목사와 결혼시키면 아주머니는 자기 생각이 옳았다고 언제까지 생각할 수 있었을까?

1970년대 중후반의 배우자감의 1순위는 목사였다. 이것은 기독교 통계가 아닌 세상에서의 통계였다. 1위가 된 것은 믿는 사람이든 믿지 않는 사람이든 목사를 선호했다는 증거다. 왜 그렇게 목사를 배우자로 선호했을까? 그것은 그 아주머니처럼 생각하는 사람들이 많았기 때문일 것이다. 목사는 윤리적으로 도덕적으로 깨끗하다는 이미지가 낳은 결과라고 생각해 볼 때 고맙고 다행한 일이 아닐 수 없다.

그런데 1순위였던 선망의 대상이 지금은 어떻게 되었나? 한 총각 전도사님이 대학부 학생들과 식사를 하던 중 한 여학생이 말하기를 "전도사님, 결혼 배우자감의 2순위가 목회자라는 통계가 나왔다고 하네요."라고 했다. 이 말을 듣고 있던 노총각 전도사님은 속으로 쾌재를 부르면서 이렇게 질문을 했다. "그건 의외인데. 그럼 1순위는 누구지요?" 이 말에 이 여학생은 깔깔 웃으며 "1순위는 평신도래요."라고 했다는 유머가 있다.

조금 오래전에 있었던 일이다. 신용카드를 지금처럼 많이 사용하지 않을 때다. 내 남편 목사가 신용카드를 잃어버렸다. 어디서, 언제 잃어버렸는지 모르고 있었는데 청구서 명세를 보고 비로소 잃어버린 것을 알았다. 분실된 것을 발견한 후, 카드회사에 신고하고 어디서 지출되었는지 알고 보니 어떤 한 술집이었다. 나와 내 남편 목사는 그 술집을 찾아가서 찾아온 이유를 그 주인에게 설명했다. 그런데 우리는 그 주인이 내 남편 목사를 대하는 태도에 매우 놀랐다. 그 주인은 비록 술집을 운영하고 있었지만 내 남편 목사를 매우 깍듯하고 정중히 대하였기 때문이다. 그 모습은 우리 교회 성도들이 내 남편 목사를 대할 때도 거의 본 적이 없는 정도의 모습이었다. 자기는 험하게 살기에 목사가 더 거룩하게 보였는지도 모른다. 그러나 목사가 교회에서보다 술집에서 더 존경받는 모습에 만감이 교차했다. 또 한편으로는 언제나, 어디서나 존경받는 목사이기를 간절히 바라는 마음이었다.

술집에서 존경받는 목사의 모습은 지금도 있을까? 오늘날 세상은 목사님들에 대한 존경심은커녕 불신이 만연한 것은 아닌가? 그리고 목사님들의 수준이 이제는 세상 남자들과 별로 다를 바가 없다고 여기게 된 것은 아닌가? 바람피우지 않을 것 같아서, 술 먹지 않을 것 같아서, 아내 폭력이 없을 것 같아서 사위로 맞고 싶다던 아주머니의 생각은 이제 사라져버린 전설적인 이야기가 되어 버린 것은 아닐까?

이런 글을 쓰는 나를 나무라거나 좋아하지 않을 목사님들이 계실 것이다. 혹자는 네 남편이나 잘 지키라고 화를 낼 목사님도 계실 수 있다. 그러나 이제는 목사님들의 비리나 잘못된 행실에 대해 알 만한 사람들은 다 아는 세상이다. 지금은 그야말로 밤송이를 보자기에 쌌다고 숨길 수 없는 그런 시대다. 잊을 만하면 터져 나오는 목회자를 고발하는 매스컴을 지탄할 이유도, 자격도 없다. 목사님들이 올바르게 살아가면 되는 것이다. 나무라고 역정을 내기 전에 먼저 반성하고 자신을 돌아보는 것이 우선이라고 생각한다.

물론 지금도 어떤 면으로든지, 누가 보든지 정말 바르고, 깨끗하고, 순수한 하나님이 기뻐하시는 훌륭한 목사님들이 많이 계심도 사실이다. 그런데 그런 분들은 드러나지 않기에 잘 모른다. 그러나 잊혀질 만하면 또 목사님들의 비윤리적인 모습이나 비도덕적인 비리가 TV 화면에 나타난다. 세상 사람들이 저지를 수 있는 악한 일에 목사님들이 예외인 곳이 이제 하나도 없는 것만 같다. 세상의 어두운 곳을 밝히고, 빛 되고 소금된 삶을 사는 수준이 아닌 그런 삶을 선도해야 할 지도자가 목사님들이기에 속이 많이 상한다. 아프다. 그리고 밉다. 이제 더 이상 무슨 범죄가 남았을까 하는 안타까움도 있다. 그래서 기도한다.

어떻게 해야 하는지 나 같은 목사 아내보다 목사님들이 더 잘 알 것이므로 말하지 않겠다. 다만 목사 안수받을 때, 주의 종이 되겠다고 서원하며 신학교에 들어갈 때의 마음을 늘 염두에 두면 좋겠다. 초심! 그것만 잃지 않으면 될 것이라는 생각이다.

존경받는 목사님들이 많아지는 것은 하루아침에 이루어질 수 없다. 이루어지지도 않는다. 더러운 그릇에 깨끗한 물을 부으면 처음엔 더럽다. 그러나 자꾸 여러 번 반복하여 붓다 보면 더러움은 어느 사이에 씻겨 나가고 깨끗한 물로 가득하게 되지 않을까?

과연 그 아주머니의 기대에 부응할 목사님들을 기대할 수는 없는 것일까? 물론 그 아주머니의 딸은 결혼했다. 그러나 목사의 아내가 되지 않았다. 아니 목사의 아내가 되지 못했다. 그 아주머니는 자신의 딸이 목사의 아내가 되지 않은 것을 지금은 어떻게 생각할까?

나는 목사 아내의 심정으로 조심스럽게 그러나 강하게 목사님들께 요구해 본다. 다시 목사님들이 배우자감 1순위를 탈환하자고 말이다. 그리고 그런 날이 다시 올 것을 믿는다. 봄이 올 것 같지 않게 혹독하게 추운 겨울도 오는 봄을 물리칠 수 없는 것처럼.

[20160305]

나는 남편이 없습니다

몇 년 전, 미국에 갔을 때의 일이다. 한 한인 서점에 들렀다. 필요한 책을 찾던 중 내 눈을 머물게 하는 제목의 책이 눈에 들어왔다. 내가 훗날 책을 낸다면 그 제목으로 출판하려 했던 제목의 책이 그곳에 있었던 것이다. 그 책 제목이 바로 "나는 남편이 없습니다."였다. 놀란 마음에 그 책을 얼른 집어 폈다. 그리고는 또 한 번 놀랐다. 그 저자는 바로 나와 같은 목사의 아내였기 때문이었다. 온몸에 전율 같은 것이 느껴졌다. 내가 쓰려던 것인데 다른 사모님이 먼저 쓴 것에 대한 아쉬움보다는 내가 겪는 것이 나 혼자만의 것이 아닌 목사의 아내들이라면 누구나 겪을 수 있는 것이라는 동질 의식에 반가웠다.

목사의 아내를 사모님이라고 부른다. 그 사모님이라는 단어를 떠올리면 첫째는 '힘들다'를 연상시키지만 이에 못지않게 연상되는 말은 '외롭다'라는 말이다. 그 이유에 대해서는 말할 필요도 없이 누구나 공감하는 현상이 아닐까 한다. 한 마디로 목사의 아내는 남편이 없다고 느껴질 때가 많다.

　목사 가정은 일반적인 가정과 사뭇 다른 점이 있다. 목사 아내에게는 일반 아내에게 쓰는 것보다 유독 내조라는 말을 많이 쓴다. 그것은 아내로서의 일이 일반 남편에게 보다 목사 남편에게 더 필요하고 더 도와야 할 일이 많기 때문일 것이다. 모든 일에 남편이 우선이겠지만 특히 목사 아내는 그렇다. 그래서 나는 때로 목사 아내를 일컬어 "5분 대기조"라는 말을 하기도 한다. 아내는 그렇다 치더라도 남편 목사는 언제나 교회 일, 성도가 우선순위이다. 당연하게 여기다가도 남편이 정말 필요할 때 곁에 없을 경우엔 정말 나는 남편이 없다라는 생각을 지울 수 없다. 섭섭하기도 하고, 씁쓸하기도 하기도 하다.

　어려움이 별로 없는 목사의 아내가 있을 수도 있고, 설령 어려움이 있다고 하더라도 그것을 스스로 해결하는 아내들도 있을 것이다. 그러나 목사 아내가 힘듦이나 외로움을 조금이라도 나타낼 때 남편 목사님의 반응은 어떠한가? 아내의 마음을 이해하고 도우려 하기보다는 남편이 아닌 목사로서의 질책 내지는 설교하기 일쑤다.

　내 남편 목사는 내가 투덜거리거나 안 좋은 감정이 안색에 나타나기만 하면 공식처럼 하는 말이 있다. 그것은 "감사할 줄 모른다." 라느니 "기도를 더 하라"는 말로 내 마음의 표출을 초장에 막아 버린다. 그럴 때마다 더 감사해야 함을 모르는 바 아니고, 하나님 더 의지해야 함을 모를 만큼 어리지도 않고, 기도해야 하는 것이 절실한 것임을 모르는 바 아니다. 그렇기에 입이 있어도 아무 말도 못 하고 기가 죽어 가만히 있을 수밖에 없다. 남편 목사의 말이 다 맞는 말이고, 그렇게 해야 하는 것이 천 번 만 번 옳은 말이건만 반항심이 고개를 들기도 한다. 문제는 머리로는 이해가 되는데 마음으로는 이해되지 않는다는 점이다.

내가 바라는 것은 목사님으로서의 말이 아니다. 불편한 마음을 가지고 있는 아내의 마음을 다독여 주는 남편으로서의 위로의 한 마디가 그리운 것이고 그것을 기대하는 것이다. 그러고 보니 나에겐 남편은 없고 훈계하시는 목사님만 존재하고 있었다. 어떤 목사님의 말씀처럼 목사 아내가 정말 기도 많이 하기만 하면 내조 잘하는 것이고, 목사의 아내가 가지는 외로움이나 우울감과 소외감 등이 다 사라지고 자존감도 지켜질까 하는 의문도 생긴다.

어느 날, 패널들이 나와 한 주제를 놓고 이야기하는 TV프로에 갑자기 시선이 집중되었다. 패널들은 국내에서 이름이 꽤나 알려진 의사들과 심리학자 등이었다. 그들이 신나게 토론하는 가운데 이런 것이 나왔다. 남편들에게 묻는 질문이었다. "아내와 딸이 물에 빠졌을 때, 누구를 먼저 구하겠느냐?"는 것이었다. 열 띤 공방이 오고 갔다. 그때 나도 내 남편이 저런 경우 내 딸을 살릴 것인지, 아니면 나를 먼저 건져줄 것인지 생각하게 되었다. 딸과 내가 경쟁자가 된다는 것 자체가 우스꽝스럽기도 했지만…

그날, 저녁 나는 남편에게 이것을 물었다. 어떤 답이 있었을지 상상해 보라. 돌아온 답은 그야말로 상상을 초월한 기상천외한 것이었다. 남편의 말인즉, 가장 가까운 곳에 있는 사람을 제치고 어떻게 내 딸이나 아내를 구하느냐는 것이었다. 그 말을 듣는 순간, 온몸에 전율이 느껴졌다. 손발에 얼음물을 끼얹는 느낌이었다. 그래서 내가 이렇게 말했다. "아내와 딸이 물에 빠졌을 때를 묻는 것인데 무슨 다른 말을 하느냐"고 했더니 그 말은 들은 척도 없이 어쨌든 자신은 자신에게서 가장 가까운 사람부터 구할 것이라며 어떻게 목사가 가까운 사람을 두고 자기 가족을 찾아가겠냐는 것이었다. 그 장면을 머릿속으로 떠올려 보았다. 그 장면엔 너무도 멋진 목사님이 보였고, 살려달라고 애원하는 나와 내 딸 모습도 보였다. 혹 이런 말을 듣는 성도는 멋진 목사님이라고 박수라도 치겠지만 나는 쓴웃음이 나왔다. 그리고 이렇게 혼자 중얼거렸다. "결국 나는 남편이 없네." 말은 그렇게 짧게 했지만 마음의 고독은 긴 겨울밤의 추위처럼 차갑기만 했다.

성도들은 이런 목사님을 멋진 목사님, 진짜 목사님, 훌륭한 목사님이라고 찬사를 아끼지 않을 것이다. 혹 그런 목사님을 모시고 신앙생활 하는 것에 대해 자부심도 느낄 것이다. 나 역시 그 목사님이 내 남편이 아닌 다른 목사님이라면 그런 찬사를 보낼 것이 분명하다. 그런데 그 목사님이 내 남편이다. 이제 내가 그 목사의 아내로서 그런 목사님을 어떻게 생각해야 할지 아무 말도 하지 않겠다. 아니 못하겠다. 다만 이렇게는 말할 수 있다.

"나는 목사의 아내다. 나의 남편은 목사다. 그러나 나는 남편이 없다."

[20160115]

구레네 사람 시몬처럼

언제나 겨울이 물러가는 끝자락을 사순절이 이어받는다. 올해는 추위가 물러가기도 전에 사순절이 시작되었지만 어쨌든 사순절은 봄이 문턱에 다 왔다는 신호다.

사순절은 우리를 구원하시기 위한 하나님의 다함 없는 사랑을 십자가로 말씀해 주신, 동시에 예수님의 고난을 마음 깊이 묵상하는 절기다. 그렇기에 사순절이 시작되면 예수님의 십자가가 떠오른다. 그 십자가는 인간들의 죄를 사하기 위해 당하신 아니, 나를 사랑하시기에 나를 위해 당하신 고난이다. 그러나 예수님께서 아무리 큰 사랑으로 십자가의 고난을 당하셨다 해도 내가 그것을 믿지 않는다면 나와는 아무 상관 없는 것이 되고 만다. 그러나 그 고통이 나를 위한 사랑의 실천임을 생각할 때 예수님이 당하신 큰 고난에 감사의 눈물을 흘리게 된다.

고난을 좋아하는 사람은 없다. 그러나 이 사순절에만은 고난을 묵상하며 예수님의 고난을 느끼고 싶은 마음이다. 이 마음은 지구촌에서 살아가는 성도라면 같은 생각일 것이다. 그래서 십자가를 만들어 자신의 등에 실제로 져 봄으로 예수님 고난에 동참하여 그 고난이 얼마나 힘들고 나아가 그 사랑이 귀한 것인지 조금이나마 체험하고 싶어 하는 사람도 있다.

대부분의 목사님은 어린 시절부터 목회자가 될 사명과 꿈을 가지고 서원하여 된 분들이다. 그러나 목사 아내는 그렇게 서원하여 목사 아내가 되었다기보다는 억지로, 혹은 어쩌다 목사 아내가 된 사람들이 더 많은 듯하다. 그러나 가끔 목사의 아내 중에 서원하여 목사의 아내가 된 사람을 보는데 참으로 대단하다는 생각이 든다.

나 역시도 내가 목사의 아내가 된 것은 하나님의 섭리 속에 된 것이긴 하지만 조금은 강요된 것이기도 하다. 그렇기에 간혹 나는 나 자신을 가리켜 '나는 구레네 사람 시몬입니다.'라고 말하기도 한다. 그것은 어쩌면 억지로 십자가를 진 구레네 사람 시몬과 스스로 원함이 아닌 조금은 억지로 목사 아내가 된 점이 같다는 생각이 자주 들기 때문이다.

절대로 목사의 아내가 되지 않으려고 안간힘을 썼으나 결국 목사의 아내가 된 친구가 있다. 그녀는 그리 짧지 않은 기간 동안 한 남자를 만나 사귀었는데 그 남자가 목회의 꿈을 가졌다는 말을 듣고 고민하고 고민하다가 결국 헤어지고 말았다. 그 후 그 친구는 목사의 아내가 되지 않겠다는 자신의 의지대로 일반대학에 다니는 다른 남자를 만나 교제했다. 그런데 그 남자는 일반대학을 나오고는 부르시는 사명감에 의해 신학대학원에 입학하고 마침내 목사가 되었다. 그렇게 목사 아내가 되지 않으려고 사랑하던 사람과 결별까지 할 정도의 그녀였지만 결국 목사의 아내가 되고 말았다. 재미있는 것은 목사의 아내가 되지 않으려고 헤어졌던 첫 번째 남자는 오히려 신학을 포기하고 목사의 길이 아닌 다른 길로 갔다는 점이다.

이처럼 안 가려고 발버둥을 쳐도 가게 되는 일도 있고, 가려고 해도 가지 못하는 일도 있다. 모든 것은 다 하나님의 섭리 속에 이루어진다는 것을 다시 한번 확인하는 사건이기도 했다.

목사 아내의 길이 얼마나 힘들게 여겨졌으면 그렇게 했을까를 생각해 보았다. 그녀의 아버지도 목회자였기에 딸이 보는 엄마의 길이 얼마나 힘들고 어려웠는지 잘 보고 알았을 것이다. 그렇기에 그토록 가지 않으려 했는지도 모른다. 그래도 그녀는 비록 억지로 목사의 아내가 되었지만, 너무도 훌륭하게 목사 아내의 길을 잘 가고 있다.

어쩌면 많은 군중 가운데 끼어 있다 선택된 운 좋은 사나이가 구레네 사람 시몬이라고 생각한다. 그는 예수님 곁에서 예수님 십자가를 체험한 전무후무한 인물이 되어 성경에 이름이 기록되는 영광을 안은 사람이 되었다. 내 친구 역시 그런 우여곡절 속에서 목사 아내가 되었으니 그녀 역시 구레네 사람 시몬이다.

성경엔 필요 없는 사람의 이름은 기록하지 않았다고 볼 때, 공관복음 세 곳에 이 구레네 사람 시몬이 기록되었다는 점은 놀라운 일이 아닐 수 없다. 또한 성경에는 누구의 아들이라고 기록된 것은 많지만 누구의 아버지라고 기록된 사람은 드물다. 또한 이 구레네 사람 시몬을 루포의 아버지라고 기록한 것도 특이한 점이다. 바울이 쓴 로마서에서 언급한 루포가 시몬의 아들이라면 바울이 루포의 어머니를 내 어머니라고 할 정도로 친근하다는 말이니 루포의 어머니가 얼마나 믿음이 좋은 여인이었는지 알 수 있다. 또 로마의 콘스탄틴이 루포의 12대 손이라고 말하는 학자도 있다.

구레네 사람 시몬은 비록 억지로 십자가를 졌지만, 그 대가는 말할 수 없이 큰 것이었다. 그렇게 볼 때 십자가는 억지로라도 져야 함을 느낀다. 찬송가 가사처럼 십자가는 무한 영광이기 때문이다.

목사든 목사 아내든 억지로 되었다 하더라도 사명감을 가지고 묵묵히 십자가를 지고 가면 그 상급은 클 것이고, 또한 주님이 구레네 사람 시몬을 기억해 주신 것처럼 기억해 주실 것이 분명하다.

이 사순절 동안만이라도 구레네 사람 시몬처럼 억지로라도 예수님의 십자가를 조금이나마 맛보고 싶다. 아니 억지로가 아닌 자원하는 마음으로 십자가 고난에 동참하고 싶다.

"주님이 기억하시면 족하리"라는 복음성가가 떠오른다.

[20180226]

목사 아내와 반창고

목사 가정을 이야기하려고 하면 언제나 떠오르는 실화가 있다. 내가 잘 아는 남편 친구 목사 부부의 이야기다. 그 목사님도 다른 목사님들처럼 교회와 목회에만 지나치게 열중하시는 분이셨다. 그렇기에 사모님은 남편 목사에 관심과 돌봄을 늘 갈구하며 힘들어하셨다. 그러던 어느 날, 더 이상은 견딜힘이 없게 된 사모님은 사생결단의 굳은 결심을 했다. 그래서 생각해 낸 것이 얼굴 그것도 이마 한가운데에 대형 반창고를 붙이고 귀가하는 남편 목사님에게 얼굴을 디밀어, 그 모습을 보고 남편이 놀라거나 '무슨 일이냐'는 최소한의 관심이라도 가지면 살고 그렇지 않으면 이제 그만 살리라 마음먹었다. 과연 어떻게 되었을까? 귀가하신 목사님은 꼬리치며 나타나는 개를 위하여는 어디에서 먹다 남은 고기를 가지고 와 던져주면서도 정작 사모님 이마에 붙은 반창고에 대하여는 아무 말도 하지 않았던 것이었다. 사모님은 맥이 다 빠져 눈물조차 나오지 않았고, 자신은 집에 있는 개만도 못한 존재처럼 느껴졌다는 것이었다.

올해도 어김없이 5월이 왔다. 언제부터인가 '5월하면 가정'이 떠오른다. 어린이날엔 자녀가, 어버이날엔 부모가 떠오른다. 이제는 부부의 날까지 생겼다. 그래서 5월을 '가정의 달'이라 칭하고 가정과 연관되는 다양한 행사가 여기저기서 펼쳐진다. 동시에 가정에 대하여 다시 한 번 조명해 보고 건강한 가정을 이루게 하는데 관심을 유도한다. 이렇게 여러 종류의 날들을 만들어 자극하는 것은 일 년 열두 달 중에 이 5월 한 달에만 가정을 생각하고 나머지 열 한 달에는 가정을 소홀이 여겨도 된다는 의미는 아닐 것이다. 일 년 내내 가정은 소중하지만 소중한 만큼 소중히 여기지 못하기에 이렇게 지정하여서까지 가정을 더 생각하게 한 것이다.

교회 역시 가정의 달 행사에 대하여는 일반 사회보다 더 앞장서고 있다. 주일마다 쏟아지는 가정에 대한 목사님들의 설교, 가정 문제 전문가들의 초청 강의, 그 밖에 여러 종류의 이벤트 등을 통하여 인류에게 교회보다 먼저 주신 최초의 공동체인 가정을 행복한 가정으로 만들기 위한 많은 노력을 기울인다.

그렇다면 그것을 주도하고 또 가르치는 목회자의 가정이 가장 건강해야 함은 말할 필요가 없다. 그러나 과연 그러한가? 어김없이 찾아오는 이 가정의 달에 목회자 가정은 어떠한지 생각해 보고 싶다.

　가정이 건강해야 교회가 건강하고 교회가 건강해야 이 사회가 건강하게 된다는 것을 부인할 성도나 목사는 없을 것이다. 건강한 가정이 되려면 가정 구성원 하나하나의 몸과 마음이 모두 건강해야 하며, 그러할 때 건강한 가정이 이루어진다. 나는 행복한데 네가 불행하다면 건강한 가정이라 할 수 없으며, 반대로도 마찬가지다.

　모든 목사님들은 건강한 교회를 원한다. 동시에 성도들의 가정이 건강하기를 원한다. 여기에는 목회자 가정도 예외가 아닐 것이다. 목회자 가정도 일반 성도들의 가정과 같이 건강해야 할 의무와 권리가 있다. 그것은 무엇보다 목사님은 무엇에서든지 성도들의 귀감이 되어야 하기 때문이다.
　우리나라 최고의 신경정신과 전문의가 자신이 신경쇠약에 걸려 고생하기도 하고 자궁암 전문의의 아내가 자궁암으로 죽기도 하는 것처럼 성도들의 가정을 건강하게 만들기 원하면서 자신의 가정은 건강하게 만들지 못하고 또 만들려는 노력조차 기울이지 않는 목사님도 개중에는 있다.
　물론 목사님들이 교회를 위하여 헌신하고 충성하기에 하나님의 나라가 왕성하게 이루어져 가고 있음을 모르는 바 아니다. 그렇기에 목사님들은 언제나 바쁘다. 바쁘니까 자신의 가정에 신경 쓸 겨를이 없다고 생각하기도 하고, 또한 교회 일에만 전념하는 것을 하나님이 기뻐하실 거라고 착각하는 목사님들도 계신 것도 부인할 수 없는 사실이다.

목사님들이 말씀하시듯 가정과 교회는 두 개의 수레바퀴가 조화 있게 잘 굴러가야 한다. 그러나 대다수의 목사님은 교회를 우선으로 살아간다. 누구나 다 아는 사실이지만 목회자는 하루 24시간이 모두 긴장된 시간의 연속이다. 목회자 가족도, 특히 목사의 아내 또한 그에 못지않게 긴장된 시간 속에서 살아간다. 목회자 자녀 역시 사방에서 들여다보이는 어항 속에 살기에 잠재된 불안과 함께 성도들의 자세에 민감할 수밖에 없다. 그런데 성도들은 그것을 아주 당연하게 생각한다. 아니, 그렇게 해야만 훌륭한 목사이며 교회가 부흥한다고 생각한다.

내가 잘 아는 목사님은 자신의 삶 전부를 오로지 교회만을 위해 살아오셨다. 그런데 교회에 큰 위기가 닥쳐와 교회에서 쫓겨날 위기에 처하게 되었다. 그런데 그때, 그 목사님은 가족의 소중함을 깨닫고 자투리의 관심이 아닌 참된 관심을 가족에게 기울이게 되었다고 한다. 그러한 남편을 본 사모님은 목회지를 잃은 위기에 대한 불안과 아픔보다는 남편을 찾은 기쁨으로 행복해했다는 것이다. 그 말을 들은 나는 정말 가슴 아팠다. 그리고 그 사모님이 이해되었다.

어떤 한 목사님의 글이 생각난다. 중학교에 다니는 아들이 엄마에게 이런 질문을 했다고 한다. "아빠는 언제까지 목사할 거야?" 그리고는 "아빠가 목사님을 그만두고 그냥 자기 아빠만 되었으면 좋겠다"라고 했다는 것이다. 그 말을 아내에게서 들은 목사님은 하나님 앞에서 통곡했다고 한다. 자신이 목사로서의 자격이 없음과 아빠로서의 자식이 흡족할 만큼의 역할과 본을 보이지 못한 것에 대해 회개하고 동시에 성도들에게 자신의 가족을 위해, 가정 사역에 성공할 수 있도록 기도해 달라는 기도 부탁을 했다는 글이다.

그 글을 읽으면서 나도 마음이 저렸다. 그리고 그 목사님이 훌륭하다고 생각했다. 왜냐면 얼마든지 자녀의 이런 생각에 화를 낼 수도 있고, 그 말을 무시해버릴 수도 있는데 아들의 말을 깊이 생각하고 가정 사역을 위해 성도들에게 기도 부탁까지 하신 것을 보니 훌륭한 목회자요, 남편이요, 아버지임에 틀림없기 때문이다.

성도들의 사정은 너무도 잘 알고 잘 챙기는데 정작 알아야 할 목사님 자신 가족의 일들에 대해서는 문외한인 목사님도 종종 본다. 이럴 때 목사님의 가족은 소외감에 상처를 입는다. 가정을 잘 돌보는 것은 목사님도 여느 아버지(남편)와 다르지 않다.

"이웃을 내 몸같이 사랑하라"는 주님의 말씀에 비춰 보면 목사님의 가장 가까운 이웃은 목사님 가족이다. 아니 목사님께서 돌보아 주어야 할 강도 만나 피 흘리는 그 이웃이 먼저는 목회자의 가족이라는 점을 명심해 주시기를 목사의 아내로 감히 주문한다.

어김없이 찾아온 2016년 5월, 가정의 달에 이마에 반창고 붙이는 목사 아내가 없기를 간절히 바란다.

[20160429]

쓰레기봉투와 목사님

　어느 50대 중반의 목사님과 대화하던 중 자연스럽게 이런 질문을 하게 되었다. "목사님은 집안일을 도와주시나요?" 이렇게 묻자 목사님은 잠시의 망설임도 없이 "아니요" 라고 대답했다. 목사님의 즉각적인 '아니요'라는 반응에 내 마음은 몹시 불편했다. 순간 세 명의 자녀를 둔 그 목사님 아내는 얼마나 힘들까 라는 생각이 들었다. 그리고 어떻게 그럴 수 있느냐고 항의를 하려는데, 그 다음 말씀이 나를 머쓱하게 했다. 그 말씀인 즉 자신은 시간 되는대로 집안일을 이것저것 가리지 않고 한다는 것이었다. 그런데 집안일을 돕느냐는 질문에 아니라고 말한 것은 집안일이 여자(아내)만의 일이라 생각하지 않고 부부 공동의 일이라고 생각하기 때문에 집안일을 하는 것은 돕는 것이 아니라 자신의 일을 하는 것이라는 생각에 그렇게 말했다는 것이었다. 목사님에게서 그런 말을 듣고 보니 굳어지려했던 순간의 내 마음이 다 풀어지는 것은 물론 그 목사님이 너무도 멋있게 보이고 존경심마저 들었다.

과연 그 목사님은 자신이 말씀하신 것처럼 얼마나 집안에서 많은 일을 하시는지는 모른다. 그러나 그렇게 생각하는 것만으로도 기분이 좋았다. 그리고 그렇게 생각하는 목사님들이 많을 것이라는 상상과 함께 또 그렇게 하시는 목사님들이 많아질 것을 마음 속으로 주문해 보았다.

그 목사님은 중대형 교회의 담임 목사로 목회에 충실하신 목사님이시다. 그렇기에 목회 일만으로도 무척 바쁘신 분이다. 그럼에도 불구하고 그렇게 멋진(?) 생각을 가지고 있었다. 또한 나도 한 사람의 목사 아내로, 교회 일로 인하여 아무리 바빠도 집안일을 자신의 일처럼 생각하며 하시는 그 목사님의 아내는 얼마나 행복할까라는 생각을 해 보았다.

이런 일이 있었다. 어느 날, 교회로 출근하는 남편 목사에게 꽉 채운 종량제 쓰레기봉투를 가지고 나가 버려달라고 부탁했다. 우리 집이 아파트 맨 꼭대기 15층이기에 어차피 1층 밖으로 나가서 쓰레기봉투 집합 장소에 놓고만 가면 되니까 별다른 생각 없이 부탁한 것이고 남편 목사 역시 아무런 생각 없이 정말 모처럼 들고 나갔다.

그런데 문제는 여기서 발생했다. 우리 교회 성도 몇 집이 우리와 같은 라인에 살고 있었는데 그날, 쓰레기봉투를 든 남편 목사가 엘리베이터를 타고 내려가는 중, 성도가 사는 층에 이르렀을 때 성도 한 분이 타고 함께 내려갔었나 보다. 그런 일이 있은 며칠 후에 나는 엘리베이터를 타고 내려가다가 한 성도를 만났다. 그 성도는 나에게 임자 만났다는 듯 뽀로통한 얼굴과 퉁명스러운 말투로 서서히 성토하기 시작했다. 그래서 남편이 쓰레기봉투를 들고 나가던 날 마주쳤던 그 성도라는 것을 알았다. 그 성도는 한 마디로 어떻게 우리 목사님에게 쓰레기봉투를 들고 나가게 할 수 있느냐는 것이었다. 나는 갑작스런 도전에 큰 죄인이나 된 것처럼 아무 말도 못하고 눈물이 핑 돌았다. 그렇지만 억지로 참고, 쓴 미소를 지으며 엘리베이터 문이 열림과 동시에 도망치듯 빠져나왔다.

왜 목사님은 쓰레기봉투를 들고 나가면 안 되나? 그것도 다른 집 것이 아닌 자신이 버린 것들도 들어있어 있지 않은가? 그냥 한없이 서럽기만 했다. 그것도 냄새나는 음식물 쓰레기도 아니고, 가지고 나가 분리해야 하는 것도 아닌 입구가 깔끔하게 봉해진 봉투인데 말이다. 그리고 모아놓은 곳에 가져다 놓기만 하면 되는 것인데 그것을 들고 나가게 한 내가 그렇게 잘못한 것일까? 물론 성도들이 보기에 자신의 영적 아버지 같은 목사님이 쓰레기봉투를 들고 있는 모습이 싫을 수도 있음을 모르는 바 아니다.

이렇게 생각할 수는 없었을까? 여느 집 남자가 그렇게 하는 것을 당연하거나 아무렇지도 않게 보는 것처럼 목사님이 그렇게 하는 것도 같은 시각으로 봐주면 안 되는 것일까? 목사님은 많은 성도의 목회자지만 동시에 한 여자의 남편이요 한 집의 가장이지 않은가? 목사님이 쓰레기봉투를 들고 나갔다고 해서 거룩함에 손상을 입는 것은 절대로 아니다. 그렇다면 목사님으로 쓰레기봉투를 들고 나가는 것이 아니라 한 가정의 가장으로, 남편의 자격으로 그렇게 했다고 생각할 수는 없는 일일까? 아니 집안일을 잘 돌봐주는 자상한 목사님이라고 자랑스러워할 수는 없는 것일까?

이 일이 있은 후, 다시는 남편 목사에게 쓰레기봉투를 맡기지 않았다. 남편 목사 역시도 들고 나갈 생각을 하지 않았다. 물론 내 남편 목사는 그 사람의 말 때문에 그 일을 멈춘 것은 아니다. 그런 말에 영향을 받을 사람이 결코 아니다. 내가 요청하지 않으니까 자연스럽게 하지 않은 것이다. 내가 부탁을 하든 안 하든, 또 누가 뭐라고 하든 안 하든 자신이 자청해서 해 준다면 내 남편은 내게 점수 좀 땄을 터인데 도리어 야속한 생각만 들게 했다.

쓰레기봉투를 들고 나가는 일은 수많은 집안일 중에 아주 작은 일일 뿐이다. 여인들이 하는 집안일은 아주 작은 일이 대부분이다. 그런데 문제는 그 작은 일이 너무도 많다는 점이다. 가끔 남자들은 아내들이 도와주기를 요구할 때 그까짓 것이 뭐가 힘들어서 그러냐는 등 적지 않은 핀잔을 준다. 그렇다면 그렇게 아무 것도 아닌, 별것 아닌 작은 일을 자신들이 솔선해서 하면 안 되는지 반문하고 싶다.

그리고 여기에서 한 가지 덧붙여 말하고 싶은 점이 있다. 남편들은 자기 아내에게 자신이 하는 일에 긍지를 가지라고 말한다. 맞는 말이다. 물론 아내들은 그래야 한다. 아내들이 하는 일도 하나님께서 주신 고귀한 일로 사명 의식이 필요한 일이다. 그런데 남편들이 아내에게 "집안에서 뭐 하느냐"고 심지어는 "집구석에서"라고 까지 비난하기도 한다. 이것은 남편들의 잠재의식 속에 아내들이 하는 집안일은 하찮은 일, 별것 아닌 작은 일이라는 생각이 있음을 증명하는 것이다. 이러니 아내들은 자신이 하는 일에 긍지나 자부심을 가질 수 없지 않겠는가.

그 일 이후로, 쓰레기봉투를 들고 나갈 때마다 내 모습을 스스로 들여다보는 습관이 생겼다. 정장 차림과 쓰레기봉투. 그것은 정말 안 어울리는 모습이다. 그런데 비록 어울리지는 않은 모습이지만 그 모습은 가장으로서의 든든하고 아름다운 모습임에 틀림없다. 무릎 나온 바지에 앞치마를 두른 손에 들려 있는 쓰레기봉투는 잘 어울리는 모습이다. 그런데 그 잘 어울리는 모습은 지극히 당연한 모습이며 아름답지도 든든해 보이지도 않는 일상의 모습이다. 그러나 이 두 가지의 모습은 우열을 가릴 것 없는 똑같이 아름답고 귀한 모습이다.

  목사님에게 말하고 싶다. 말하지 않아도, 부탁하지 않아도 솔선해서 쓰레기봉투를 들고 나가는 넉넉한 배려의 마음을 가지시라고. 성도들에게 말하고 싶다. 쓰레기봉투를 들고 나가시는 목사님의 모습을 멋있게 보아달라고. 목사님과 성도들에게 말하고 싶다. 목사님과 쓰레기봉투! 이렇게 아름답고 멋진 조화는 없다고.
  그런데 나와 대화하며 집안일을 자기 일이라고 말씀하신 그 목사님은 쓰레기봉투 정도는 당연히 들고 나가시겠지?

[20160201]

한 사모의 아픈 마음으로 보는
목회자들의 불륜

2007년 3월 22일. 기독교 교계 신문에 눈을 끄는 놀라운 기사 하나가 실렸다. 그것은 미국 N 장로교회에서 30여 년간 목회한 L 목사가 불륜을 저지른 후 자진 회개 고백한 사건이다. 치명적 죄에 무슨 경중이 있겠느냐만, 한 여인도 아닌 두 여인과 불륜을 저질렀다는 점이 더욱 놀라게 했다. 이 소식을 접하고 한동안 말을 잊고 그저 멍할 뿐이었다. 한 사람의 교인으로서 느끼는 마음 외에 한 사람의 사모로 느끼는 마음은 더욱 복잡했기 때문이다.

요즘 심심치 않게 목사님들의 불륜 문제가 거론된다. 누가 이런 문제 앞에 자신이 있을까? 한 마디로 이 문제 앞에 자신할 수 있는 사람은 아무도 없다. 그렇기에 늘 옷깃을 여미는 목사님들의 자숙과 자중이 절실하게 요구된다.

목사님들이 불륜, 소위 7계를 범할 대상의 범위는 국한되어 있지 않다. 목사님들만큼 여자 문제에 민감해야 할 사람도 없지만, 또한 목사님처럼 여자 앞에 자연스레 노출된 사람도 거의 없다.

교인들의 절반 이상이 여자들이고, 또 그들을 돌보고 이끌어주는 일이 목사님들의 주요한 일이기 때문이다. 주색잡기를 일삼는 남자들을 제외하고는 여자들과 가장 많은 대화와 접촉이 있는 사람이 목사님들이다. 그것도 세상 남자들은 여자를 자기 발로 찾아가지만, 목사님들은 찾아가지 않아도 여성들이 아주 쉽게 찾아온다. 그뿐 아니라 혹 목사님이 찾아갈 경우라고 해도 그 이유를 합리화하기는 너무 쉽다. 심방이라는 명목이 존재하니까 말이다.

목사님들을 찾아오는 여자들은 대체로 첫째, 교회 일로 찾아오거나 둘째, 가정 문제나 자녀 문제로 상담하러 오는 경우 셋째, 존경심을 갖고 대접하러 오는 경우가 대부분이다. 교회 일로 찾아오는 여성도들은 교회 일을 내 일처럼 열심히 잘하는 성도들로서 교회와 목회에 유익하니 목사님들 마음에 사랑스러울 수밖에 없다. 상담하러 오는 여성도는 마음의 아픔을 가지고 오는지라 그 모습을 보면 연민스러울 수밖에 없을 것이다. 또한 존경심을 가지고 대접하러 온 여성도라면 사랑이 가는 여성도일 수는 있어도 미운 여성도일 수 없다.

그리고 교회에는 교인 외에도 여자 교역자도 많다. 요즈음 여자 전도사와 더불어 여자 목사들도 많아지고 있다. 이들과 함께 보내는 시간이 어쩌면 사모님과 함께 보내는 시간보다 많을 수 있다. 같이 있으면 공식적인 대화뿐만 아니라 자연스러운 대화 속에 사적인 이야기도 하게 된다. 그런 이야기들을 통해 서로가 생활의 지혜도 배우며 공감대도 형성되고 상대방 개인사까지 알게 되므로 시간이 지날수록 친근해질 수밖에 없다.

목사님들 중에는 새벽기도에 나갔다가 일이 많다는 이유로 사택에 들어오지 않고 온종일 교회에 머무르는 목사님이 많다. 그래서 자기 아내와는 하루 한 끼니 식사도 함께하지 못한다. 식사시간은 매우 중요한 시간이다. 밥을 같이 먹는다는 것은 공감대를 형성할 아주 귀한 기회라는 점은 누구나 다 알 것이다.

또한 목사님들은 공식예배 외의 시간마저도 제한 없이 교인들에게 주어야 한다. 하루 24시간 중 제한되는 시간은 없다. 때도 시도 없이 걸려오는 전화가 그것을 말해주고 있다. 때로 과묵하고 좀 냉정해 보이는 목사님이라 하더라도 교인들의 전화나 면담 요청을 거절할 수 없고, 거절해서도 안 된다. 그것은 교인에게 늘 친절해야 하고, 또 교인의 생활과 신앙의 질을 높여 줄 의무를 목사님들이 가지고 있는데 그런 취약점을 마귀는 그냥 넘기지 않고 이용하기도 한다.

오늘날은 남녀가 평등한 시대라고 한다. 이러한 시대에 살아가는 여인들은 이전과 비교해 몹시 대담해졌다. 이러한 대담성과 갈수록 흐려지는 윤리성이 합해져서 순진하고 거룩해야만 하는 목사님들에게 치명적 요인으로 작용한다. 목사님에게 보통

이상으로 지나치게 밀착하는 여인들, 상담이란 이름으로 자기 집안의 여러 가지 이야기를 미주알고주알 늘어놓는 여인들, 일한다는 구실로 혹은 대접한다는 구실로 개인적인 접촉을 원하는 여인들, 심지어 목회자를 무너뜨리기 위하여 계획적으로 접근하는 여인들까지 있다고 한다.

그러나 문제는 목사님들에게 있다. 목사님들 역시 성도들 사이에 그어 놓아야 할 선을 분명하고 확실하게 해야 함에도 그 선이 너무 희미하거나 아예 없는 목사님들, 그뿐만 아니라 하나님의 종으로서의 몸가짐이나 윤리의식이 선명하지 못한 목사님들도 있다. 사실 도덕 불감증에 걸린 목사님들은 얼마나 많은가? 헤픈 목사님, 교인들과의 관계에서 가볍고, 품위 없이 구는 목사님, 대접이라면 사족을 못 쓰는 목사님, 상담한답시고 너무 깊은 가정사까지 끄집어내려는 인상을 심어주어 다른 관심을 가지는 것으로 오해하게 만드는 목사님, 피상담자의 비극적인 현실을 책임이라도 지려는 듯 측은지심이 너무 많은 목사님, 목사님도 인간인지라 혹 자꾸 끌리는 여성도가 있으면 그것을 기도하며 물리쳐야 함에도 불구하고 아예 그것을 은근히 즐기는 목사님, 이성을 밝히는 모습이 얼굴에 드러나 느끼하게 보이는 목사님, 그리고 7계를 범하고 나서도 할 수 있으면 끝까지 발뺌하는 파렴치한 목사님, 그리고 하나님께 용서를 받았다는 명분으로 교인에게 용서를 강요하는 뻔뻔한 목사님도 있다. 이런 목회자들의 추태를 보시는 하나님의 마음은 어떠실까? 그리고 이런 일이 발생할 때마다 교인들 보기가 심히 창피하고 민망하다. 또한 "깨끗하고 순결한 목사님이 얼마나 될까"를 생각하며 목사님을 불신하는 교인들이 많아질까 봐 겁이 난다.

나는 목사의 아내이다. 이런 일이 발생하면 그 아내인 사모님의 심정을 헤아려 보게 된다. 모 기관에서 실시한 한 설문 조사에서 사모님들에게 사모님들을 가장 힘들게 하는 것이 무엇이냐는 질문에 성도들보다는 남편 목사가 더 힘들게 한다고 했다. 구체적으로는 남편 목사의 여자 문제와 폭력이라고 했다는 충격적인 말을 들었다.

아내를 감쪽같이 속여 철저히 믿었던 남편에게 당하는 배신도 있겠지만, 그보다 늘 사모님이 직감으로라도 느낄 수 있는 일들이 있었을 것이다. 아니 사모의 잘못된 생각도 있었을 것이고, 반대로 사실이라도 오히려 목회자들의 능란한 말솜씨로 사모를 속 좁은 여자로 만들어 버리기도 하였을 것이다.

이렇게 세인들의 입에 오르내리며 목사들의 품위와 지위를 땅에 떨어뜨리게 하는 일들은 결코 우연이 아니다. 그것은 참고 참으시는 하나님께서 더는 참을 수가 없어서 그를 잡고 있던 줄을 놓아버렸기 때문일 것이다. 일을 저지른 목사님은 자신이 한 일이니 그렇다 치더라도 옆에서 늘 가슴 졸이며 살아 온 사모는 왜 피해자가 되어야 한다는 말인가? 남편 관리를 못 한 여자라고 비난도 받을 것이고, 그리고 그 일로 인하여 하나님 나라에 끼친 치명적인 악영향은 그만두고서도, 그 가정에 다가올 흑암은 누가 책임을 져야 하는가?

목사님들이여! 사모님들이 조심시키는 말들이 귀에 거슬린다 해도 들으십시오. 의부증이니, 질투라느니, 남편을 못 믿느냐느니, 목회에 방해가 된다느니, 마귀 짓이라느니 등의 말로 나무라지 마십시오. 그것이 설령 진짜 사모님의 질투심이라 하더라도 들어 두십시오. 이 문제는 넘치도록 조심해야만 하는 중요한 것이고 필수적이니까요. 그 대신 자신의 마음과 행동을 주님 앞에서 철저히 점검하십시오. 과감히 결단을 내리십시오. 미세하게 말씀하시는 성령님의 탄식 소리를 외면하지 마십시오. 제발 부탁입니다.

'다 그래도 나는 아니야!' 하며 자신의 잘못된, 그러나 아무도 눈치채지 못할 작은 불씨라도 합리화하지 마십시오. 처음엔 찬물이지만 그 물이 불 위에 올려져 서서히 온도가 올라가 결국엔 죽어 가는 물속의 개구리가 되지 마십시오.

[20070501]

나는 남편이 있습니다

한 남자의 아내인 것은 분명한데 남편이 없는 여인이 목사의 아내다. 얼마 전 나는 〈나는 남편이 없습니다〉라는 제목의 글을 썼다. 정말 나는 남편이 없는가? 아니, 한 마디로 나는 남편이 있다. 그런데 나는 남편이 없다고 했다. 그것은 남편이 없는 것 같은 생각이 들 때가 많기 때문이었다. 특별히 남편이 없다는 생각이 입증될 때가 있었는데 바로 아플 때였다.

이런 일이 있었다. 우리 교회 여 집사가 병원에 입원하였을 때 남편 목사와 나는 그 병상에 심방을 같이 갔다. 그 집사는 남편의 사랑 넘치는 극진한 간호를 받고 있었다. 참으로 눈물겨운 남편의 모습이었다. 우리는 그 환자를 위해 기도했다. 내 남편 목사의 간절한 기도는 환자 집사의 남편으로 하여금 계속해서 아멘을 하게 했고 나도 환자인 여 집사를 위해 한마음으로 기도했다. 그런데 갑자기 내 마음 한구석으로부터 덕스럽지도 못하고 선하지도 않은 묘한 전율이 느껴졌다. 그리고는 내가 병원에 입원했을 때의 일들이 꼬리를 물고 생각나기 시작했다. 그리고는 눈물이 흘러내렸다.

내가 아파 병원에 입원했을 때마다 내 남편 목사는 잠깐 씩 들러 별일 없음을 확인하고 돌아가곤 했다. 한 마디로 나에게는 지금 병상에 누운 여 집사에게 하는 것처럼 나를 위해 간절히 기도해주지도 않았다. 그러고 보니 내가 아팠을 때는 나를 위해 기도해주는 목사님도, 이 여집사의 남편처럼 꼼짝하지 않고 아내 곁을 지키며 간호하는 남편도 없었다.

남편 목사의 기도 중에 그때 느꼈던 쓸쓸함과 아픔이 동시에 파도처럼 갑자기 밀려온 것이다. 동시에 서글픈 마음이 나를 사로잡았다. 그리고 병상에 누워 있는 그 여집사가 한없이 부럽기 시작했다. 그래서 남편 목사 기도에 나도 모르게 눈물이 많이 흘렀나 보다. 내 설움으로 눈물을 흘린 모습을 본 그 부부는 자기들 때문에 눈물을 흘린 것처럼 보였을 것이다. 지금도 그때를 생각하면 머쓱해진다.

이런 일은 비단 나만 겪는 일은 아닐 것이다. 목사 아내들이라면 심히 공감하는 일이라고 생각한다. 목회하다 보면 때때로 입원한 성도 중에 이런저런 이유와 상황으로 담임 목사의 심방을 받지 못한 분들이 생긴다. 그러면 그들은 섭섭함을 말하기도 한다. 그때 나는 이런 생각을 한다. '내 생각을 하면서 마음을 푸세요. 그나마 당신은 교구 목사님의 심방이라도 받지 않나요? 그리고 남편이 곁에 있잖아요. 나는 간호해 주는 남편도, 심방 오는 교구 목사님도 없답니다.'라고.

목사 아내가 가진 애로사항이라든지, 특성에서 발생하는 점들을 이야기하는 것은 내가 좀 별스러워 나만 느끼는 것은 아닌가 하는 생각도 해 보았다. 그러다가 내가 전혀 모르는 목사님이나 사모님들이 쓴 글이 내 생각이나 상황과 너무도 흡사한 것을 보고 깜짝 놀라곤 했다. 그리고 내가 별스러운 목사 아내가 아니고 목사 아내들이 일반적으로 겪으며 공감하는 것이라는 점에 위로를 받는다. 또한 다른 나라 목사님이 그 아내들에 대해 쓴 내용을 보아도 동서고금에 목사 아내의 길은 별로 다르지 않고 대동소이함을 느낀다.

톰 레이너 박사가 발표한 〈사모들이 외로울 수밖에 없는 12가지 이유〉라는 칼럼에 "목사들은 자신의 아내를 우선순위에 두지 않고 성도를 최우선으로 둔다. 그런 남편에 대해 목사 아내는 마치 남편을 빼앗긴 것 같은 마음이 될 때가 많기에 우울할 수밖에 없다."라고 했다. 이 말은 참으로 공감되는 말이다. 더욱이 한국적인 상황에서는 남편인 목사가 아내를 우선순위에 두지 않는 것이 보통이다. 자신의 아내를 우선순위에 두는 것은 못나거나 좀 모자라는 목사나 그렇게 하는 것이라는 편견이 아직도 남아 있기 때문이다. 그렇기에 간혹 어떤 목사님들은 자신의 아내를 무시하고 또 의도적으로 홀대하는 척하기도 한다.

목사 아내들은 교회를 최우선으로 하는 남편 목사에게 소외감을 느끼지만, 무어라 말할 수도 없다. 왜냐면 목사와 함께 그 아내도 교회는 소중히 해야 할 기관이기 때문이다. 그러나 머리로는 천만번 이해가 되나 가슴은 늘 시린 사람이 목사 아내다. 교회 일에 모든 시간과 힘을 다 투자하고 난 후에 파김치가 되어 귀가하는 남편에게 투정은커녕 도리어 피곤을 풀어주어야 하는 과제만 가지게 되는 사람이 목사 아내다. 그런데 문제는 이러한 일이 하루 이틀이 아니고 날마다 계속된다는 점에서 목사 아내들은 자신의 정체성을 생각하게 되고 남편이 없음을 또 한 번 실감하게 된다.

목사 아내도 여자다. 한 남편의 아내로서 남편의 사랑도, 남편의 위로도 필요한 여인이다. 그러한 여인이 목사의 아내다. 그리고 분명한 것은 목사 아내는 남편이 있다.

혹자는 이런 말을 했다. 자신의 아내의 마음 하나 이해하고 포용하지 못하면서 어찌 각양각색의 성도들의 마음을 헤아릴 수 있으며 이해하겠느냐고 말이다. 이 말 역시 공감되는 말이다.

그런 자신의 아내를 남편으로서 채워주어야 할 사람은 오직 남편 목사님뿐이다. 만일에 가정은 뒷전에 두고 목회하는 것이 잘

하는 것이고 하나님께서 기뻐하시는 것이라면 목사님들이 굳이 결혼하여 가정을 가질 이유가 없다. 천주교의 신부들처럼 오직 목회에만 전념할 수 있도록 제도적으로 홀로 살게 하는 편이 나을지도 모른다.

부부는 서로 돕는 배필이어야 한다. 목사 아내만 내조해야 하는 것이 아니라 목사님들도 그 아내를 도와야 하는 것은 마땅한 것이다. 이왕에 가정을 이루고 아내로 하여금 내조하게 한다면 내조를 잘하게 하기 위해서라도 목사님은 사모님께 아내로서 만족감을 채워주어야 한다.

그렇게 할 때, 목사 아내는 남편이 없는 느낌이 아닌, 남의 편으로의 남편이 아닌, 내 편으로의 남편의 존재를 느끼게 될 것이다. 그런 목사 아내는 어떠한 역경이나 고통이 닥쳐도 모든 문제를 넉넉히 삼켜버릴 수 있지 않을까?

미국의 한 목사님의 이야기로 글을 맺으려 한다. 아니, 이 이야기는 남편이 있는 목사 아내 이야기다.

미국에서 무척 큰 교회를 담임하시는 K 목사님의 아내가 어느 날, 의식불명으로 쓰러졌다. 이때 목사님은 잠시의 망설임도 없이 사임을 했다. 교인들이나 당회에서는 사모님 치료를 위한 어떠한 것도 교회가 맡을 터이니 사임하지 않을 것을 간청했으나 그 목사님은 이런 말을 남기고 끝내 교회를 떠났다.

"교회 일은 나 말고도 대신할 사람이 있습니다. 그러나 남편 역할은 대신할 사람이 없습니다. 설교도 다른 사람이 대신할 수 있습니다. 그러나 내 아내를 사랑하는 남편의 역할은 다른 사람이 할 수 없습니다. 나보다 내 아내를 더 사랑하는 주님이 내 아내를 데려가실 때까지 나는 내 아내를 돌보아야 합니다."

[20160618]

목사 아내와 부부 싸움

어느 수요일 오후였다. 새벽에 교회로 가면 저녁 늦은 시간이 되어서야 집에 들어오는 남편인데 그날따라 예배 시간 전 잠시 집에 들렀다. 이런저런 이야기를 하던 중에 무엇 때문인지는 기억되지 않으나 대화 도중에 의견의 일치가 되지 않아 적지 않은 갈등과 함께 말다툼으로 이어졌다. 수요일 저녁 예배 시간이 가까워 오고 저녁 식사도 해야 하는데 이런 상황이라니 내 마음은 말이 아니었다. 그래도 할 일을 해야 하는 터라 밥상을 차리고 먹어야 한다는 의무감으로 밥을 먹고 교회로 나섰다.

어떤 부부든지, 아니 어떤 관계든지 다툼이 있고 나면 제일 먼저 보이는 현상은 대화의 단절이다. 우리 부부 역시 아무 말 없이 서로가 밥을 먹는 둥 마는 둥 하고는 시간에 쫓겨 각자 부지런히 교회로 향했다. 나는 언제나처럼 내가 정한 자리에 앉았고, 남편도 마찬가지로 강단에 올랐다. 남편이나 나는 겉으로 보기에는 여느 예배 시간과 아무런 다름이 보이지 않았다. 예배는 시작되었고 이윽고 설교 시간이 되었다.

설교가 내 맘에 하나님 말씀으로 들어올 리 없었다. 그것을 기대한다는 것은 천부당만부당한 일이었다. 나는 애써 태연한 듯 고개는 들었으나 눈길은 아래로 깔고 말씀을 사모하려는 마음 전혀 없이 형식적으로 앉아 있었다. 아무 말도 머리에 들어오지 않았다. 아무리 좋은 하나님 말씀도 나는 다 거부하고 말았다. 그리고는 남편 목사 입에서 나오는 말에 속으로 딴죽을 걸고 있었다. "말은 잘하시네. 당신이나 실천해 보시지" 등등의 부정적인 생각으로 가득 차 있었다.

그런데 갑자기 무겁고 캄캄한 마음 한쪽으로부터 작은 음성이 들려옴이 느껴졌다. "너, 왜 마귀 짓을 하는 것이냐?"라는 작지만 강한 메시지였다. 그리고 보니 지금의 내 행위는 정말 잘못된 것이라는 생각이 들기 시작했다. 다툰 사건의 진위가 중요한 것이 아니라 그 일 후의 내 행동거지는 철저히 주님이 싫어하는 짓을 하고 있었다. 주님으로부터 칭찬은커녕 꾸짖음을 당할 나 자신을 발견했던 것이다.

다툼 자체도 그러려니와 몇 가지 점에서 마음이 불편했다. 첫째는, 의견의 충돌이 예배드리기 불과 한두 시간 전 이기게 남편 목사님이 잠시 후면 하나님 말씀을 전해야 한다고 생각하며 어떠한 내용이었든지 막론하고 백분 양보하든지 아니면 수요 예배 마친 후로 미룰 수도 있었다는 점이다. 둘째는, 아무리 그렇기로

서니 설교하는 목사님의 설교 말씀을 하나님 말씀으로 받지 않고 인간의 말로 들으면서 마음속으로 뱉어내고 있었으니 은혜를 사모하기는커녕 마귀 짓을 하고 있었던 점과 셋째는, 예배를 예배로 드리는 것이 아닌 그저 때우기식으로 앉아만 있는 위선과 가식인 나의 자세를 하나님께서 결코 용납하실 리 없다는 점이다. 결국 나는 이래저래 손해만 보았던 예배 시간이었다.

이렇게 예배 전에 부부 싸움은 백해무익한 것인데 목사 부부도 인간인지라 하필 그래서는 안 될 중요한 시간에 다툼이 일어나기도 한다. 어느 부부에게나 의견 충돌은 있는 법이다. 목사 부부도 예외는 아니다. 또한 그것이 때를 가리고 있으면 좋으련만 부부가 함께 있다 보면 언제든 시간을 가리지 않고 생기는 것이 부부 싸움이다. 싸움에 좋은 시간이란 없다. 그러므로 예배 전이라 해도 비껴가는 것은 아니었다. 아니 사탄은 그런 시간을 더 좋아할 것이다.

목사 부부의 부부 싸움, 그것도 예배를 앞두고 다툰 이야기가 있다.

내가 잘 아는 목사님 중에 에너지가 조금 모자라는 소심하신 A 목사님이 계시다. 그러기에 평소에는 늘 조용하신 성격의 소유자로 설교도 조용조용히 하시는 편이다. 그런데 뜻하지 않게 토요일 저녁에 부부 싸움을 좀 거하게 하신 모양이다. 주일 예배 시간까지 어제의 분이 가라앉지 않아 좀 흥분되어 있었다. 그 덕분(?)에 주일 설교에 힘이 들어가고, 평소와는 다른 힘 있는 설교를 하셨다고 한다. 부부 싸움이 그 목사님이 설교하는데 에너지를 충전시켜 준 셈이다.

B 목사님은 토요일 저녁 내내 부부 싸움을 하느라 밤잠을 잘못 주무시고 주일을 맞았다. 주일 아침, 도저히 설교할 마음이 아니었다. 드디어 설교 시간이 되자 힘들게 강단에 오른 목사님은 성도들을 향하여 솔직히 자신의 상태를 고백했다. 부족한 이 사람이 어젯밤에 아내와 부부 싸움을 하여 오늘 설교를 못 하겠으니 성경 말씀만 봉독하고 그것으로 은혜받자고 하시면서 우리 부부를 위해 기도해 달라는 말로 설교를 대신했다고 한다. 그날 온 성도들은 그 어떠한 설교보다 더 큰 은혜를 받았다는 말을 들었다.

C 목사님도 주일 오후 예배 전에 사모님과 다툼이 있었다고 한다. 그런데 이 목사님은 성격이 소심하신 분이셨다. 너무도 마음이 아프고 힘들어 이불을 뒤집어쓰고 저녁 예배에조차 나가지 않고 있었는데 예배 시간이 다 되어가자 교회에서 전화가 왔다. 목사님은 내가 지금 부부 싸움을 해서 설교를 도저히 못 하겠다고 말하며 전화를 끊었다고 한다. 결국 그 목사님은 그 일로 해서 교회를 사임하게 되었다.

여기서 보는 것처럼 부부 싸움 후에 목사님들의 행동은 여러 가지로 나타난다. 어떻게 하는 것이 가장 바람직한 방법일까 생각해 보게 된다. 물론 부부 싸움을 안 하는 것이 가장 좋은 방법이겠지만 어찌 부부 싸움을 안 할 수 있겠는가. 목사 부부도 이 세상을 살아가는 데에는 여느 부부와 다를 바가 없지 않은가.

목회자 부부는 부부 싸움마저 일반인들과 여러 가지 면에서 구별된 제약을 받는다. 그런데 다툼이라는 것이 그렇게 계획적인 것이 아니다. 어쩌면 사탄은 그것을 더 노리는지도 모른다.

사실 목사 부부는 부부 싸움을 할 시간이 제한되어 있다. 온종일 목회 일을 하고 저녁에 탈진 상태로 귀가한 남편 목사와 다툴 시간이 없다. 그것은 다른 남편들과 다르게 새벽기도회가 있기에 일찍 자야 하고 또 맘을 편하게 해 주어야 할 의무가 있는 것이 우리 목사 아내들이기 때문이다. 남편 목사의 심기가 불편하면 성도들에게 그 영향이 간다는 생각 때문에 혼자 가슴앓이 하는 사모님들이 많다는 이야기를 들은 적이 있다. 어떤 때는 상한 마음을 대화로 풀어야 하거늘 풀지도 못한 채 혼자 상한 맘으로 잠을 청할 때도 있다.

부부 싸움이라는 것은 삶 속에서 불편한 사람이 '내가 지금 많이 불편하니 내 말 좀 들어 봐 줘요.'라는 것이라고 한다. 그렇기에 특히 목사 부부에게 부부 싸움은 대체로 아내인 사모님들이 걸게 된다. 늘 성도들과 교회 일에 쫓기는 목사인 남편이기에 여느 아내들과는 차별된 삶을 사는 사람이 목사 아내다. 그러기에 혼자 참으며 감정을 누르다가 드러나는 경우가 생기는데 그것이 하필이면 예배드리기 전이 될 때가 있으니 그때마다 목사 아내는 다투어서 마음이 상하고, 또 남편 목사 마음을 불편하게 해 주었으니 죄인이 되는 심정이다.

이렇게 다툼은 목사 아내에게나 목사님 자신에게나 유익하지 않다. 아무리 외적 에너지가 모자라는 목사님에게 에너지를 충족시켜 준 동기가 되었을지라도 예배 전의 싸움은 더 큰 잘못이고 악이 될 수도 있다. 아무리 싸울 일이 있더라도 예배 전 만큼은 어떻게든 피하도록 해야 한다. 다른 시간의 싸움보다 상상할 수 없는 손해가 있으니까.

그보다 목사님은 예배에 중요한 설교자이며, 목사 아내는 예배를 돕는 자가 되어야 할 사람이지 방해자가 되어서는 결코 안 되는 사람이니까 말이다.

[20170529]

목사 아내와 일관성

교회에 부임하던 해 겨울이었다. 그러니까 지금부터 32년 전(1985년)의 일이다. 그해 겨울은 여느 겨울과 달리 눈이 참 많이 내렸다. 삼라만상을 다 삼킬 듯이 눈이 많이 내린 어느 날, 나는 사택의 대문에서부터 현관에 이르는 길의 눈만을 치웠을 뿐 다른 곳에 눈은 치우지 않은 채 흰 눈의 낭만을 즐기고 있었다. 하얀 세상을 바라보며 행복해하고 있는 대낮에 초인종이 울렸다. 문을 열고 보니 지금은 권사님이 되신 집사님 한 분이 오신 것이었다. 이런저런 이야기를 나누던 중에 우리 집에 오신 이유를 힘들게 말씀하셨다. 한 마디로 우리 집의 눈을 치워주려고 오셨다는 것이었다. 나는 그 말에 눈을 치우기 싫어서가 아니고 즐기기 위해 치우지 않았음을 설명했다. 성도들이 오다가다 우리 집의 눈이 그대로 쌓여있는 것을 보고는 혹자는 '내가 게을러서', 혹자는 '내가 몸이 약해서' 눈을 치우지 않았다는 서로 다른 의견으로 인해 작은 언쟁(?)이 있었다는 것이었다. 그래서 그 집사님은 그런 말들이 싫어 자신이 자원하는 마음으로 우리 집의 치우지 않은 눈을 치워주려 했다는 것이었다. 그 말을 듣는 순간, 웃음도 났지만 한 편으로는 이런 생각이 들었다. '나의 즐거움이 성도들의 말거리가, 혹은 고통이 될 수도 있겠구나.'라고. 또한 같은 상황을 보고도, 같은 말을 들어도, 생각하는 것은 천 가지, 만 가지일 수 있음도 새삼 느꼈다.

목사 아내는 자기 생각으로만 살 수 없는 위치에 있다. 내 생각보다는 성도의 생각을 먼저 생각해 보아야 한다. 그러나 그렇게만 생각하다가는 팔러 가는 당나귀 신세가 되고 만다.
'팔러 가는 당나귀'는 누구나 다 아는 이야기로 아버지와 아들이 당나귀를 팔기 위해 당나귀를 끌고 장으로 가면서 겪은 이야기이다. 처음엔 당나귀와 함께 걸어가다가, 사람들의 말을 듣고 아들을 태우기도 하고, 아버지가 타기도 하고, 그리고는 아버지와 아들 둘이 함께 타고, 마침내 당나귀를 메기까지 하는데 메고 가다가 결국 당나귀를 떨어뜨려 놓쳐버렸다는 것이 그 줄거리다. 사람들의 이야기에만 귀를 기울여 거기에 맞추다 목적을 이루지 못했다는 교훈이 담긴 우화지만 우리에게 큰 교훈을 준다.
이 아버지가 자신의 주관을 가지고 있었더라면 당나귀를 잃어버리지 않았을 것이다. 물론 한두 사람에게서 듣기 싫은 소리, 나무라는 소리, 혹은 핀잔의 소리를 들었을 것이다. 사람들은 다른 사람의 말하기를 좋아하는 성향이 있다. 그리고 그것을 마치 직업처럼 하는 사람도 있다. 언제나 구설수는 있는 법이니 조금은 무시하고라도 일관성 있는 태도가 필요함을 느낀다. 나는 이 이야기를 내 인생에 여러 가지 교훈 중에 하나로 삼고 있다.

인생을 살아갈 때 누구에게나 삶 전반에 필요한 것이 있다면 일관성이라고 말하고 싶다. 모든 인간관계 그리고 자녀교육은 물론 학교에서 가르치는 선생님, 그리고 지위가 올라가면 올라갈수록 꼭 필요한 것은 일관성이다. 아니, 삶 구석구석에 일관성은 있어야 한다. 가정에서 자녀교육을 예로 들어보자. 일관성이 없는 부모는 자녀교육에 있어서 부모의 기분과 환경에 따라 다르게 말하게 되므로 자녀들은 부모의 눈치를 보며, 때로는 부모의 마음을 가늠하며 요령을 부리게 된다. 그러다 보면 그 자녀는 자신의 부모를 존경하지 않고 눈치꾼으로 성장하기 쉽다.

이처럼 삶에 일관성은 목사 아내에게도 매우 필요하다. 보편적으로 잘못된 생각이나 어긋난 행동이 아니라면 목사 아내 나름의 주관을 가질 것을 강조하고 싶다. 목사 아내는 나름대로 자기 원칙을 가지고 있어야 한다. 이 말은 자기주장이 강한 고집을 말하는 것이 아니다. 어떤 일에 대한 자기 소신과 주관을 말하는 것이다. 일관성이 없으면 상황에 끌려다니게 되므로 줏대 없는 사모님, 혹은 진실하지 못한 사모님으로 낙인되어 신뢰받지 못하게 된다. 성도들을 먼저 생각해야 하지만 자신의 확고한 주관 또한 있어야 한다. 그러다 보면 언젠가는 이해하게 되고, 그것으로 인한 문제가 잠재워진다. 그리고 성도들도 목사 아내의 그 일관성에 대해 이해할 뿐만 아니라 존경심마저 가지게 된다.

개성이란 누구에게나 있는 것이다. 목사 아내도 예외는 아니다. 요즘처럼 패션이 전성기를 이루는 때에 목사 아내도 유행을 따를 수도 있고, 그렇지 않을 수도 있다. 그런데 성도들은 목사 아내에게 관심이 많으므로 목사 아내가 입은 옷에 대해 크고 작게 많은 말을 한다. 그런 말들이 목사 아내를 힘들게 하는 요소가 될 수도 있지만, 자신의 주관이 확고하다면 그런 작은 소리에 민감할 필요가 없다. 사치하거나 누가 보아도 이상하거나 격에 맞지 않는 것만 아니라면 말이다. 시간이 지나면 '우리 사모님의 스타일은 저런 것'이라고 인정을 받을 때가 반드시 온다. 내 경우를 보면 30년 넘도록 나를 지켜본 성도들은 자신들의 옷을 사러 갔다가 '저건 사모님 스타일인데'라는 말을 하기도 한다고 한다.

또한 교회 일이나 경조사 등에 대한 것도 원칙을 가질 필요가 있다. 그뿐만 아니라 모든 면에 있어 평소에 소신 있는 행동이 필요하다. 성도들은 민감하므로 때에 따라 다르면 안 된다. 교회 안에서의 일, 결혼식과 장례식 그리고 생일, 심방에 관한 것까지 세

밀하게 원칙을 세워 놓는 것이 좋다. 그렇지 않으면 나도 모르는 사이에 편애가 되기도 하고 편견으로 쏠릴 수도 있다. 그렇기에 나름대로 원칙을 정해 놓는다면 성도들에게서 누구는 더 예뻐하고, 누구는 덜 좋아한다는 소리를 덜 듣게 된다.

처음에는 이러쿵저러쿵 구설이 있을 수밖에 없다. 그것은 모르기 때문이고, 또 못 들은 척하면 그만이다. 어느 사이에 없어지는 말들이다. 시간이 지나 목사 아내의 성향을 알고 나면 그러한 구설은 사라진다. 그때까지 참고 인내하기만 하면 된다. 참지 못하고, 인내하지 못하고 주관 없이 들리는 말대로 이리저리 휩쓸리면 구설은 눈덩이 불어나듯 더 커지고 만다. 그렇게 되면 목사 아내는 피곤해지고 무력감에 빠지게 된다. 무엇보다 당나귀를 잃어버렸듯이 잃어버리는 것이 생긴다.

당나귀를 잃어버려서는 안 된다. 한 마디로 목표를 잃어서는 안 된다. 목사 아내는 항상 귀가 열려 있어야 한다. 성도들의 말도 잘 들어야 한다. 그러나 일관성을 가지고 자신의 주관과 소신에 의해 판단하고 행동해야 한다. 일관성 없이 중심을 잃어 일을 그르쳐서도 안 되지만 일관성이라는 이름으로 중요한 것을 잃지 않아야 함을 거듭 강조하고 싶다.

요즘은 그때처럼 눈이 많이 오질 않는다. 설사 눈이 온다고 해도 이제는 자연 그대로의 내린 눈 구경을 할 수가 없다. 그것은 내 주관과 소신이 바뀌어서가 아니라 개인주택이 아닌 아파트에 살고 있기 때문이다. 만일 지금 그때와 똑같은 여건이라면 그때처럼 나는 흰 눈을 즐기고 있을까? 아니, 그때 그 집사님의 방문 후에 나는 눈을 치웠을까? 그대로 즐겼을까? 독자 상상에 맡긴다.

[20160902]

나의 갈 길 다 가도록

　가을 벌판이 찬송가 가사처럼 황금물결을 이룬다. 풍요롭다. 이처럼 가을 들판은 늘 풍성하다. 덩달아 내 마음도 풍성해지고 넉넉해진다. 갖가지 열매들의 합창이 이 가을 들녘에 울려 퍼진다. 올해 가을은 단풍 또한 유난히 아름답다. 저마다 자기를 봐 달라는 듯한 모습이다. 내 눈에만 그런 것인지는 모르겠지만 눈에만 담아 두기에 아쉬움을 느낄 만큼 산하가 한 폭의 멋있는 걸작품이다. 저절로 감탄이 나온다. 그리고 행복과 즐거움을 선물한다. 나무마다 열매마다 마치 잘살아왔다는 듯 스스로 만족하게 뽐내는 것만 같다.
　계절 가을은 우리에게 이처럼 기쁨과 즐거움을 선물하건만 인생 가을에 있는 나는 만세 전에 나를 택하시고 이 땅에 보내신 하나님께 어떤 행복을 드렸으며 또 드리고 있을까? 사람들에게 기쁨과 행복을 준 저들처럼 나는 하나님 마음에 드는 삶이었을까를 생각하니 초연해지고 먹먹해진다.

나는 목사 아내로 40년, 그중에서 담임 목회자 아내로 36년을 살았다. 이제 목사 아내로서 내조 인생 끝자락에 서서 달려온 내 인생을 뒤돌아본다. 걸어온 발자취가 주마등처럼 스친다. 부끄러운 발자취도 보이고, 대견스러웠던 발자취도 보인다. 눈물의 발자취, 아픔의 발자취, 행복의 발자취 등 짧은 인생 사는 동안 참으로 많은 희로애락이 있었다. 지나간 시간은 모든 것이 다 아쉬움으로만 남는가 보다. 그 모든 시간이 순식간에 지나가 버린 것만 같고 때로는 세월을 도둑맞은 기분이 들기도 한다. 남편 목사의 말처럼 누가 빼앗아 간 것도 아니고 내가 살아 없어진 젊음인 데 아쉬워하지 않아야 함에도 왠지 자꾸만 나이 들어감이 안타깝기만 하다.

지금까지 별일 없이 지나온 것은 전적으로 하나님의 섭리와 인도하심이었다. 분명한 것은 하나님의 계획 속에 내가 있었다는 것이고 거기에 나를 동참시키셨다는 것이 감사할 뿐이다. 여기까지 인도하신 에벤에셀의 하나님께 먼저 감사를 드린다. 때로는 힘에 부대낄 때도 있었지만 그래도 내 노선을 벗어나지 않고 살게 하시고 또 그렇게 살아온 것은 전적으로 합력하여 선을 이루신 하나님의 은혜였음을 고백한다.

만일 누가 나에게 다시 태어나도 이 길을 가겠느냐고 묻는다면 나는 뭐라고 대답할까? 만일, 다시 태어난다면 나는 적극적으로

이 길을 선택할 것인가? 답은 뻔하다. 아니다. 그것은 이 길이 싫어서가 아니다. 이 길을 걸어보니 결코 쉬운 길이 아니었다. 그리고 이 길은 너무도 귀하고 소중한 길이었다. 나 같은 사람이 가기엔 너무도 부족했고, 그래서 잘 감당하지 못한 것 같은 송구함과 부끄러움이 앞서기에 그렇다.

'하고 싶은 것은 하지 말고 하기 싫은 것은 하라'는 어느 목사님의 역설적인 말씀이 생각난다. 그러나 나는 다시 말하지만, 목사 아내의 길을 원한 것도, 원하지 않은 것도 아니었다. 한 마디로 무감각했다는 표현이 맞는 표현이다. 사실 나는 아무것도 모르기에 수동적으로 어쩔 수 없이 나의 길을 모두 다 하나님께 맡겼다. 그런 나를 시편 37편에서 약속하심 같이 내 길을 여기까지 인도하셨다. 비록 내가 원하지는 않았지만, 최종의 선택은 내가 한 것이기에 이제 은퇴를 1년 남짓 앞에 두고 '과연 나는 맡겨진 내 삶을 제대로 살아왔는지, 칭찬 들을 것은 무엇이며, 책망받을 것은 무엇인지, 한 마디로 후회 없는 삶이었을까?'에 대한 생각이 많아진다.

목사 아내로서 힘들고 어렵고 외로울 때는 부정적인 생각으로 후회도 해 보았고 불만도 가져 보고 불평도 해 보았다. 이렇게 말하면 목사 아내로 산 내 삶이 힘들고 어렵고 고통스럽게만 생각하는 것처럼 보일 수도 있고 소명이 전혀 없는 사람으로 보일 수도 있다. 그러나 목사 아내의 길이 힘들고 어렵기만 한 것은 아니었다. 평생 아줌마 소리를 들으며 살아야 할 내가 사모님 소리를 스스럼없이 듣고 살았다. 그런데 그보다 더 크고 좋은 점은 무엇보다도 내가 있는 자리가 늘 은혜의 자리라는 점이다. 내가 살아가는 터전이 교회 중심이므로 눈을 뜨면 보이는 것이 주의 종인 목사님이고, 대화 내용도, 숨을 쉬는 공간도 모두가 다 교회와 관련된 것뿐이다. 한 주간 내내 죄악된 세상에서 힘들게 살다가 주일에 교회로 나오는 성도들에 비하면 목사 아내의 삶은 복되고 은혜로운 삶이 아니라 할 수 없다.

여기서 나 자신을 돌아보니 반성할 점이 너무 많아 부끄럽다. 나는 내가 생각지 않은 일들 앞에서 그저 다 양보하고, 다 기뻐하고, 다 인내하지 못했다. 때로는 내 남편이 자신의 아내인 나의 아픔보다 성도의 아픔에 더 관심을 가져야 하고, 나와 함께할 시간조차 목회 일에 양보했을 때, 나는 그 일을 기쁘게 여기지도, 흔쾌히 양보하지도 못하였다. 겉으로는 안 그런 척하며 내색하지 않고 웃었지만, 조금이라도 드러났을 것이고, 속으로는 소외감 속에서 울기도 많이 했다. 이것이 나의 부끄럽지만 솔직한 고백이다.

저녁노을이 유난히 멋있고 찬란한 것은 하루를 보내는 마지막 인사이기 때문인 것처럼 이제 남편 목사가 목회 끝자락에 서 있으니 유난히 멋있는 저녁노을처럼 멋있게 최선을 다하고 떠날 것을 다짐하며 기도한다. 그리고 은퇴할 때는 물론 세상을 작별할 때도 후회와 미련을 남기기보다는 오직 감사만 남길 수 있으면 좋겠다.

머지않은 훗날, 내 삶의 끝자락에 다다랐을 때, 내가 걸어간 이 목사 아내 길을 두고 잘 선택하였고 또 잘 수행했다고 미소를 지을지언정 후회하는 어리석음이 없어야 할 것이다. 많고 많은 길 중에서 목사 아내로서 십자가의 길을 선택한 것은 내 생에 있어 탁월한 선택이었고 잘 살아왔다고 뿌듯함으로 자신 있게 말할 수 있으면 좋겠다. 무엇보다 나를 세상에 보내시고 이 길로 가게 하신 주님을 기쁘시게 하고 주님의 칭찬을 받는다면 그보다 더 기쁜 일은 없을 것이다.

지금은 "나의 갈 길 다가도록 예수 인도하시니"라고 찬송하지만, 그날에는 "나의 갈 길 다가도록 예수 인도했으니"라고 찬송하며 감사하고 싶다.

[20201105]

사모님! 건강하게 삽시다

어느 월요일 아침, 또 한 사모님이 하나님의 부르심을 받았다는 소식을 받았다. 주초에 날아든 슬픈 소식. 가끔 들려오는 남의 일 같지 않은 슬픈 소식은 나로 하여금 많은 생각을 하게 한다.

고인이 된 그 사모님은 병명을 확실히 알기까지 몸의 이상을 느꼈지만, 남편 목사님께 자신까지 힘들게 하지 않으려고 말을 안 했거나, 나이 탓이려니 하며 그냥 지나쳤을지도 모른다. 목사님 역시 조금 아프다 낫겠지 하며 예사로 여겨 서둘러 병원에 가자고 하지 않았는지도 모른다.

자주 연락하지 않아도 마음으로 통하며 지내던 사모님 중에 오랜만에 소식을 주고받으면 깜짝 놀랄 말을 하곤 했다. 어떻게 그렇게 연락이 없었냐는 나의 어리광스러운 투정에 대에 그동안 항암 치료하느라 소식을 못 주었다는 너무 민망한 말을 한두 번 들은 것이 아니다.

요즘 암은 내게서 멀리 있는 것이 아니라 너무도 가깝고 친근한 것이 되었다. 그것은 주위에 암에 걸린 사모님들이 너무 많기 때문이다. 이제는 불치병에 걸린 사모님의 소식을 들어도 빈번히 들리는 소식이라 놀라기는커녕 무감각해지고 만다. 아무리 암에 걸리는 사람이 증가한다고 하지만 세상 사람들보다 유독 사모님들이 더 많이 걸리고 있음은 내 주위를 돌아봐도 알 수 있다.

몸이 유난히 약한 사람들이 사모가 되었을까? 암에 걸릴 인자를 더 가지고 있는 사람들이 사모님이 된 것도 아닐 테고, 사모님이 되고 나면 암에 걸릴 소지가 많아지는 것도 아닐 텐데 왜 사모님들이 이렇게도 암에 많이 걸릴까? 이렇게 불치병에 걸려 고생하다가 목사님보다 먼저 저세상으로 가는 사모님은 또 얼마나 많은지 모른다.

우리나라 사람의 평균수명을 살펴볼 때 남자보다 여자가 6.8년을 더 산다는 통계가 있다. 그런데 또 다른 통계에는 사모님들이 목사님들보다 4년을 먼저 죽는다는 놀랍고 씁쓸한 통계도 있다. 목사님들의 평균수명이 일반 남자들보다 더 길지는 않을 것이다. 좀 우스운 생각인지는 몰라도 성도들이 예배 시간에 대표 기도 할 때면 대부분 "우리 목사님 영육 간에 강건하게 하시고"라고 기도한다. 그래서 목사님들이 더 오래 사는 것 같기도 하지만 전혀 틀린 생각도 아니다. 물론 목사님들이 절제된 생활과 긍정적이고 규칙적인 생활로 인해 수명이 길 수도 있겠지만 어쨌든 사모님들은 일반 여자들보다 10여 년이나 짧은 생을 살다가는 셈이다. 특별히 수명이 짧은 여자들이 사모님이 된 것이 아니라면 정말 심각하게 이 문제를 생각해 볼 필요가 있다. 교회를 성장시키느라 고생만 하다가 어느 정도 성장하여 숨을 돌릴 만큼의 여유가 생기면 사모님들은 그 기쁨이나 행복을 느끼기도 전에 고생할 때 얻은 영광의 속병들이 밀치고 나와 이 병원 저 병원을 전전하다가 하늘나라로 가고 마는 경우를 많이 보았다. 물론 주님 곁으로 갔으니 더 말할 필요가 없는 것이지만 인간적으로 볼 때 마음이 너무도 아프고 아리다. 겉으로 보이는 사모님들의 삶의 질은 분명 세상 여인들에 비해 낫다고 볼 수 있다. 함부로 살지 않는 절제된 삶 속에서 살아가니까 말이다. 그렇다면 왜 사모님들이 단명하거나 불치병에 많이 걸리는 것일까?

스트레스는 만병의 근원이라고 한다. 과도한 긴장이나 스트레스가 장기간 축적되면 몸의 모든 면역체계가 떨어져 병균의 침입으로부터 무방비 상태가 된다고 한다. 사모님들만이 겪는 여러 가지 스트레스가 많음은 누구나 다 아는 사실이다. 무엇보다도 목회자의 아내는 보이지 않는 교회의 영적 지도자라고 하시는 어느 목사님의 말이 고맙기도 하지만 매우 두렵고 무겁다. 늘 성도를 우선으로 살아가는 바쁘기만 한 남편 목사님과의 관계에서 오는 외로움도 있고, 아무리 아파도 혼자 앓아야 하는 무서운

고독도 있다. 또한 사모님들은 마음 나눌 사람 하나 없는 혼자의 쓸쓸함과 사방이 공개된 어항 속의 물고기 같은 존재로서 개인적인 삶보다는 늘 노출된 삶을 살아간다. 목회가 잘되면 목사의 공로로 돌리지만, 목회에 문제가 생기면 비교적 사모님 때문인 것처럼 그 원인을 돌려 목사님을 보호해야 할 때도 있고, 무엇보다도 교회에서 자신이 꼭 서야 할 자리와 서지 않으면 안 될 자리가 어디인 줄 지혜롭게 분별하여야 하는 데 그 한계가 모호할 때 오는 갈등 또한 크다.

사모님들에게 있는 스트레스는 이것 외에도 열거할 수 없을 만큼 많다. 사모님이란 기도의 어머니가 되어야 하고, 성령 충만해야 하고, 어떤 일이 있어도 인상을 쓰면 안 되고, 속상한 일이 있어도 웃어야 하고, 모든 교인에게 항상 명랑해야 하고, 아파서도 안 되고, 누구와 특별히 친해서도 안 되고, 나서지 않고 말이 없어야 하고, 그러나 늘 필요에 따라 있어 주어야 하고 또 없어야 하는 사람 즉, 우렁각시가 되어야 한다. 사모님들은 이런 보이지 않는 완벽성 요구에 서서히 시름시름 중병으로 앓고 있다. 마음 아파 앓으면 신령한 목사님일수록 이렇게 질책한다. "요즘 당신, 기도가 부족해."

제 주위에 있는 사모님들을 보면 마음의 병, 육신의 병. 대소의 차이는 있을지언정 모두가 다 병자인 것만 같아 마음이 너무 아프다. 이따금 들려오는 이야기는 '아무개 사모님이 암 이래', '몇 개월 선고받았대' 혹은 '아무개 사모님이 우울증이 심하대' 정말 듣고 싶지 않은, 때로는 화가 치미는 말이다. 사실이 아니기를 바라지만 어느 종합병원 통계엔 정신과 질환으로 입원한 사람 중에 사모님들이 많다고 한다. 그리고 사모님들 가운데 나는 결코 예외라고 부인할 사람은 없을 것이다. 왜 목사 아내는 이렇게 멍청하기만 한 것일까? 무엇이 우리를 그렇게 만들었을까?

스트레스를 스트레스로 받지 말고 즐기라는 말을 듣지만 어떤 사람이 감히 즐길 수 있을까? 그러나 자신의 건강은 자신이 지켜야 함이 현실이기에 억지로라도 그렇게 해야 함을 절실히 느낀다. 병든 만큼 미련하게 희생하며 살고 싶지 않고, 하루하루 건강을 돌보며 몸이 허락하는 데까지만 힘들고 싶어 한다면 이기적인 생각일까? 감히 사모님들에게 간곡히 부탁하고 싶다. 그 어떤 사람도 결코 자기 자신이 될 수 없음을 명심하고 몸도 마음도 믿음에서도 건강하라고. 마음에 평화를 구하라고. 마지막 날 주님이 우리의 눈물을 닦아주실 것을 믿고 그분만 바라보자고. 그리고 원칙을 정하고 당당하게 어깨를 펴고 자신감을 가지라고 말하고 싶다.

앞서간 사모님을 생각하며 남겨진 목사님 가족 위에 주님의 크신 평안과 은혜가 넘치기를 기원하면서 가누기 힘들 만큼 아픈 마음으로 이 글을 써 보았다.

[20071005]

마(魔)의 8분 속에서

　무더운 여름을 보내고 가을바람이 옷깃을 여미게 하면 가을을 간절히 기다린 사람이나 그렇지 않은 사람이나 마찬가지로 가을이 주는 정서에 빠져든다. 한 해의 끝자락으로 가는 시점이기에 살아온 자신의 모습을 돌아보며 남은 시간만큼은 알차게 보내리라 결심하기도 한다. 나아가 한 해의 가을뿐 아니라 자신의 인생을 진지하게 생각하며 앞으로 맞을 인생의 가을과 겨울도 생각해 보게 된다.

　나는 지금 목사의 아내로 계절로 치면 인생 가을 중에서도 깊은 가을에서 겨울로 들어가는 시점에 있다. 남편이 목회 은퇴를 1년 남짓 남겨 둔 시점에 있기 때문이다. 비행기로 예를 들자면 36년의 긴 비행을 마치고 이제 착륙을 위한 준비마저 끝마쳐야 할 때가 된 것이다.

　흔히들 인생을 비행에 비유하여 말하기도 한다. 인류에게 최고의 편리를 제공한 비행기는 땅에서 떠야 하는 이륙의 단계, 그리고 비행의 단계, 마지막으로 목적지에 다다르면 반드시 착륙하는 과정을 거친다. 그래서 이 세 과정을 인생에 비유하여 비행기가 이륙하여 비행하고 착륙하기까지를 탄생, 인생, 사망으로 나눈 사람도 보았다.

그런데 이 세 단계 중에 가장 위험한 때가 있다는 것이다. 그것은 비행기가 이륙하려 할 때의 3분과 착륙하려 할 때 8분, 즉 이 11분이 가장 위험한 시간이라고 한다. 요즘은 없어졌지만, 이전에는 비행기가 착륙하고 나면 무사히 도착한 것을 기뻐하는 박수와 함께 환호성이 터져 나오고 긴장에서 빠져나오곤 했었다.

한 기관에서 미국에서 일어난 비행기 사고에 대하여 일정 기간 조사한 결과, 전체 항공 사고의 74%가 이·착륙 과정의 바로 이 11분 사이에 발생했다고 한다. 그래서 마의 11분 혹은 마의 8분이라고도 한다.

실제로 비행기를 타면 비행기가 떠서 일정 높이에 다다를 때까지 승객들에게 자기 자리에서 안전띠를 반드시 매고 앉아 있으라고 지시한다. 비행기가 떠서 비행에 맞는 위치에 도달하면 드디어 그때부터 승객들은 비행기 안에서의 행동을 자유로 할 수 있게 된다. 그리고 목적지에 거의 다 왔을 무렵에는 승객들에게 또다시 착륙할 때보다 더 강한 행동 지침을 내린다. 하던 일을 다 멈추고 제자리에 앉아 뒤로 젖혔던 의자도 원래 위치로 하고, 꺼

내 놓았던 물건들도 다 정리하게 하고 안전띠를 매라고 지시한다. 이만큼 이륙과 착륙이 중요하고 위험하다는 증거이다.

그리고 보면 비행기의 마의 11분이 인생 비행에도 똑같이 있는 것 같다. 인생 비행에서도 이륙 즉 출발이 좋아야 보람되고 멋진 인생이 된다. 그리고 긴 비행의 시간을 잘 보내고 착륙 즉 은퇴 및 죽음 또한 잘 맞고 잘 지내야 잘 산 인생, 멋진 인생이라고 할 것이다.

비행기의 여정이 인생 여정과 비슷한 것을 보면서 목회 여정 역시 비슷하다고 생각한다. 목사 안수받기까지는 이륙 준비라 할 수 있고, 목회 기간을 비행의 시간으로 보고 은퇴를 착륙으로 볼 수 있다. 단지 비행기는 이륙과 착륙의 마의 11분을 제외한 공중 비행 시에는 사고 위험이 거의 없다고 한다. 그러나 목회 비행은 그렇지 않다. 목회는 처음부터 끝날 때까지 다 중요하다. 목회 비행은 이륙하고 착륙할 때까지의 모든 시간이 다 마의 시간인지도 모르겠다.

은퇴를 1년여 남겨 둔 우리는 착륙하기 직전, 그야말로 마의 8분 속에 있다. 물론 교회를 여러 번 옮긴 목사님들은 이륙과 비행과 착륙의 과정을 여러 번 겪었겠지만 내 남편 목사는 첫 번 이륙 후 37년 만에 맞는 처음이자 마지막 착륙지가 지금의 교회다. 그래서 그 감회가 더욱 새롭다.

긴 37년의 긴 비행을 마무리하는 착륙 직전에 있으니 잘 내려야 할 일만 남았다. 엊그제 힘든 3분의 마의 시간인 이륙을 한 것 같은데 벌써 착륙해야 한다니 지나온 날들이 주마등처럼 스친다. 길었지만 짧았고, 짧았지만 길었다.

대다수 목회자가 그렇듯이 내 남편 목사 역시 목회 시작 즉 이륙이 이런저런 이유에서 그리 순탄하지만은 않았다. 그러나 하나님의 은혜로 36년의 긴 비행을 하고 오늘에 이른 것을 생각하면 감사할 뿐이다. 그 비행이 순항일 때도 있었지만 때로는 기상이변 등으로 인해 위험한 순간이 있듯이 우리의 목회 비행에도 이런 순간들이 있었다. 아니 많았다. 순항하듯 평안하면 도리어 불안한 마음이 들기도 했다. 혹 우리가 모르는 무슨 시험이 도사리고 있는 것은 아닌가 하는 의구심이 들기도 했다. 이 목회 기간에 있던 일들을 글로 써 쌓아놓는다면 어쩌면 산만큼 높을지도 모른다. 그러나 지금 생각해보면 그때마다 우리의 손을 잡아 주시던 주님이 계셨음이 가슴 뭉클하게 한다. 세월이 얼마나 빠른지 어느덧 우리는 그러한 날들을 다 보내고 이제 착륙만을 남겨 두게 되었다.

이제 이 마의 8분은 지나온 36년보다 더 잘 보내야만 한다. 이륙을 아무리 잘하고 긴 비행을 무사하게 잘 했다 하더라도 착륙 직전의 이 8분 동안 무슨 일이 일어나면 모든 것이 무용지물이 되고 만다. 그래서 하나님의 더 큰 은혜가 필요하기에 만나는 사람마다 기도를 부탁하게 된다. 이 시간을 잘 넘기지 못한다면 무사 비행이라 할 수 없듯이 이 마의 8분을 어떻게 보내느냐에 따라 영예로운 은퇴가 되기도 하고, 불명예를 안고 은퇴할 수도 있다. 사탄·마귀는 택한 자까지 넘어뜨리려 하기에 한시도 마음을 놓을 수가 없다. 조심하고 또 조심하며 하나님의 보호와 인도하심을 간구한다.

내가 젊어서 가장 좋아하고 잘 부르던 찬송가 가사가 다시금 떠오른다.

"내 갈 길 멀고 밤은 깊은 데 빛 되신 주
저 본향 집을 향해 가는 길 비추소서.
내 가는 길 나 알지 못하나 한 걸음씩 늘 인도 하소서."

그야말로 지금은 가장 소중하고 중요한 마의 8분 속이다.

[20200903]

제2부

깨닫고 실천하며

"여호와의 성일을 존귀한 날이라 하여 이를 존귀하게 여기고 네 길로 행하지 아니하며 네 오락을 구하지 아니하며 사사로운 말을 하지 아니하면 네가 여호와 안에서 즐거움을 얻을 것이라 내가 너를 땅의 높은 곳에 올리고 네 조상 야곱의 기업으로 기르리라 여호와의 입의 말씀이니라"(이사야 58:13-14).

새해에 구할 것, 지혜

내 외할아버지 이야기로 글을 시작하고 싶다. 지금은 천국에서 주님과 함께 내가 이런 글을 쓰고 있음을 보고 계실 나의 사랑하는 할아버지! 나의 할아버지는 목사님이셨다. 할아버지에 대해 이야기를 할라치면 많은 이야깃거리가 있지만, 사람들은 할아버지 목사님을 지혜로운 분이셨다고 말한다.

할아버지께서 처음 목회하실 당시(해방 직후)에는 그 시대가 그렇듯이 목사 아내들은 대체로 검정 치마에 흰 저고리를 많이 입었다. 이러한 시절에 할아버지 목사님은 학구파로서 목회자셨고, 나의 할머니 사모님은 일찍 개화된 가정의 시대를 앞서가는 그야말로 신여성이셨다.

그런데 어느 날, 이러한 할머니로부터 작은 문제가 생겼다. 그것은 더운 여름 햇빛을 가려주는 할머니의 빨간색 양산이 문제가 된 것이다. 그도 그럴 것이 그 시대의 양산을 쓰는 것만으로도 앞서가는 것인데 하물며 그 양산의 색이 빨간색이었으니 구설수가 생긴 것은 지극히 당연한 일이었다. 할아버지께서도 할머니 양산에 대한 이러쿵저러쿵하는 이야기를 들으셨다. 이때 할아버지 목사님은 어떻게 하셨을까? 결론적으로 할아버지께서는 너무도 지혜롭게, 멋지게 이 일을 해결하셨다.

할아버지의 해결 방법은 이러했다. 할머니 양산에 관한 이야기를 들은 할아버지께서는 아무 말씀도 하지 않으셨다. 그 대신 가까운 상점으로 가셔서 지극히 평범하고도 무난한 양산 하나를 사 오셨다. 그리고는 당신에게 주는 선물이라고 하시면서 그 사 온 양산을 할머니께 드렸다. 이것을 받아 든 할머니는 생각지도 않은 남편의 선물에 감격한 것은 물론, 그날 이후로는 빨강 양산 대신 할아버지가 주신 선물인 그 멋없는 양산을 쓰고 다니셨다고 한다. 그후, 할머니 양산에 대한 구설은 사라져 버렸다.

여기서 한번 생각해 보자.

먼저는 그런 양산을 들고 다녀 구설에 오른 목사 아내에게 다른 목사님들 같았으면 뭐라고 했을지 생각해 보고 싶다. 그 양산 쓰지 말라는 말을 할 수도 있고, 때에 따서는 목사 아내에게 "생각이 있는 사람"이냐고 핀잔 또는 꾸중을 할 수도 있을 것이다. 결국 이런 작은 일로 인해 목사 부부가 갈등 내지는 다툼이 있을 수도 있을 것이다. 그렇게 되고 나면 목사 아내는 자원하는 마음으로 기쁘게 그 양산을 쓰지 않은 것이 아니라 께름직한 마음에 억지로 쓰지 않았을 것이다. 아니, 쓰지 못했을 것이다. 그리고 그 목사 아내의 마음엔 그런 말을 한 성도가 미울 수도 있고 야속한 마음에 목사 아내 스스로 죄인이 되어 마음에 아픔과 상처만 남았을 것이 분명하다. 그리고 무엇이든지 자기 생각이나 의지대로 할 수 없다는 좌절감이 생기고, 성도들의 눈길을 두려워할 수도 있을 것이다. 그런데 할아버지 목사님의 지혜로운 처사로 인해 목사 아내인 할머니는 위에 열거한 마음은 하나도 없이 자연스럽게 양산을 바꾸며 행복해했고, 구설은 온데간데없이 사라져 버렸다.

지금 같으면 빨강 양산 정도는 신경도 쓰지 않을 것이고, 또 남편이 아내에게 선물하는 것도 전혀 대단한 일이 아니지만, 당시엔 남편이 아내에게 선물을 주는 일이 별로 없던 시대였기에 남편의 선물이 얼마나 기뻤을까? 결국 할아버지의 지혜로운 처사로 인해 교인들의 말을 잠재운 것은 물론 자칫 부부싸움으로까지 번질 뻔한 일이 도리어 부부 사랑이 되고 말았다. 그리고 할아버지는 할머니에게 좋은 남편, 애처가로 점수를 땄을 것임이 틀림없다.

어느 시대나 목사 아내가 구설에 오르면 교회가 시끄러울 수도 있고, 때에 따라서는 작은 일 하나가 일파만파 되어 목사가 교회를 사임하는 경우에까지 이르기도 한다. 이 사건도 자칫하면 교인들의 입에서 오르내리며 구설이 될 수 있었다. 이렇게 한 사람의 지혜로 인해 말 한마디 하지 않고, 또 누구 하나 맘 상하게 하지도 않고 자연스럽게 해피엔딩으로 종지부를 찍었던 이 사건은 생각하면 할수록 멋진 할아버지의 일상 중 하나이다.

나는 이 이야기를 목사 아내 초년병 시절에 할아버지에게서 직접 들었다. 들을 당시에도 너무도 멋진 할아버지라는 생각을 했는데 세월이 흐르면 흐를수록 더욱 할아버지가 참으로 멋지고, 덕스럽고, 지혜로운 분이시라는 생각이 더 커져만 간다.

지혜! 세상을 살아가는데 어쩌면 제일 필요한 것인지도 모른다. 잠언을 보면 지혜로울 것을 강조하고 있다. 나 어린 시절 가정예배를 드릴 때, 어머니는 자녀들을 위해 기도하실 때마다 솔로몬에게 주신 지혜를 당신의 자녀들에게 달라고 늘 간구하셨던 기억이 난다. 단어의 뜻이 뭔지 인지되기도 전부터 귀가 닳도록 들어왔던 단어. 그것은 지혜였다. 그래서 나도 내 딸이 태어나기 전부터 딸을 위한 기도를 할 때면 언제나 지혜와 명철을 구했다.

요즘 이런 이야기가 있다. 비자금을 가지고 있지 않은 남편은 없다고 한다. 그런데 그 비자금을 잘 숨기지 않으면 아내에게 들켜서 비자금을 몰수당하는 것은 물론 부부간에 있어야 할 가장 중요한 신뢰마저 깨져버린다. 그래서 아주 좋은 비자금 은신처를 누가 생각해 냈다. 그것은 아내의 여고 졸업앨범이라는 곳이다. 그곳이 왜 좋으냐면 아내들은 여고 졸업앨범을 잘 들여다보지 않는다는 점에서 들킬 염려가 없다는 것이다. 그리고 만에 하나 들킬 것을 대비해서 비자금을 봉투에 넣어 보관하되 봉투에 이렇게 적어 놓는다는 것이다. "여보! 돈 필요하지. 내가 당신 필요한데 쓰라고 이곳에 이렇게 넣어 놓았으니 맘껏 써요. 적어서 미안해."

그다음은 내가 설명할 필요가 없다. 이 정도의 애교 있는 멋진 남편이라면 용서될 뿐만 아니라 사랑의 마음이 새록새록 솟을 것만 같다. 바로 이거다. 이 비자금 문제는 분명 아내를 속인 것이니 범죄임에 틀림이 없다. 그런데 이렇게 지혜롭게 대처하는 사람이 있다면 나쁜 남편이기에 앞서 귀여운 남편이 아닐까? 이쯤 되면 부부싸움은 벌어지지 않을 것이다.

세상의 사람도 지혜로우면 죄(?)가 용서될 수 있음을 생각해 볼 때, 성도들은 이보다는 훨씬 더 지혜로워야 하지 않을까?

남자가 지혜로운 여자를 만나면 바보온달을 온달장군으로 만들 수 있다고 한다. 이 지혜로움은 여자에게만 해당하는 것이 아니다. 남자든 여자든 이 땅을 살아가는 사람이라면 지혜로워야 함은 당연하다. 지식이 있는 사람보다도 지혜로운 사람을 더 좋아하고 따른다는 것은 만고의 진리다.

남자가 예쁜 여자를 만나면 3년이 행복하고, 착한 여자를 만나면 30년이 행복하고, 지혜로운 여자를 만나면 3대가 행복하다는 말이 있는데 나로 인해 3대가 행복해질 수 있기를 간절히 바라는 마음이다.

새해가 밝았다. 이 새해에 필요한 것들을 생각해 본다. 필요한 것들이 너무도 많다. 그러나 나는 이 새해 초입인 요즘, 내 마음엔 지혜에 관한 생각으로 가득 차 지배하고 있다. 그래서 올 한 해는 지혜를 구하며 지혜롭게 살 것을 다짐하고 또 다짐하며 내 할아버지의 지혜, 솔로몬의 지혜, 잠언의 지혜 등 모든 지혜를 욕심껏 구해본다.

[20170110]

은혜받았다는 것은

주일 낮 예배를 마치고 성도들이 자리에서 일어나 교회 문을 나설 때는 담임 목사님을 비롯하여 부목사님, 그리고 장로님들과 성도들이 깊은 인사를 한다. 그때마다 많은 성도의 목사님을 향한 주된 인사말은 "오늘 은혜 많이 받았습니다."이다.

어느 주일 낮 예배를 마치고 본당 문을 나서는데, 장로님 한 분이 다른 주일보다 더 환한 얼굴로 내게 인사를 하신다. 그러면서 "사모님, 오늘 설교 말씀에 많은 은혜를 받았습니다."라는 말까지 덧붙이신다. 내가 들어야 할 인사말은 아니지만, 얼른 "감사합니다."라고 대답을 하는데 동시에 떠오르는 생각이 있었다. 그것은 다름 아닌 '은혜받았다는 것이 과연 무엇인가'라는 생각이었다. 그래서 나는 좀 건방져 보이게 그러나 진지하게 장로님께 "장로님, 그런데 은혜받았다는 게 뭐지요?"라는 말까지 짓궂게 하고 말았다. 그 말을 들은 장로님은 잠시 머뭇거리더니 "그러고 보니 은혜받았다는 것이…" 라고 말하면서 말을 맺지 못하셨다.

교회 안에서 많이 하는 말 중에 어쩌면 가장 많이 흔하게 입에 오르내리는 말이 은혜라는 말일 것이다. 그리고 성도라면 누구든지 은혜받기를 원한다. 목회자는 성도들이 은혜받을 것을 강조하고 성도들은 은혜받기를 원하고, 또한 목회자는 은혜받았다는 말을 들으면 기뻐한다.

은혜받는 것이 쉬운 것 같고 받는 것을 쉽게 말하지만 사실 은혜받는 것이 그리 쉬운 것은 아니다. 마음의 준비가 없는 사람은 더욱 어려운 것이 은혜받는 일이다. 아무리 좋은 설교를 천만번 들어도 깨달음이 없으면 은혜가 은혜 되지 못한다. 그렇기 때문에 은혜받는 일은 깨달음이 전제한다. 깨닫지 못하면 쇠귀에 경 읽기일 뿐이니까 말이다.

그렇다면 이렇게 갈망하는 은혜! 그 은혜는 무엇이며 그리고 은혜를 받으면 어떻다는 것인가?

내가 대학을 다닐 때 예수를 믿지 않는 같은 과 친구가 이런 말을 했다. 기독교인들은 삶을 참 제 맘대로 해석한다는 것이다. 그것이 무슨 소리냐고 물었다. 그랬더니 그 친구의 말이 잘 돼도 하나님의 뜻, 못 돼도 하나님의 뜻, 일이 어떻게 되든지 간에 무조건 하나님의 뜻이라고 하지 않느냐고 하면서 덧붙여 모든 것이 은혜라고 말하는데 그 은혜라는 것이 아무 곳에나 편리하게 쓰이는 단어 같다고 말하는 것이었다. 그러고 보니 그 친구의 말이 맞는 것 같았다. 그리고 하나님의 뜻과 은혜에 대해 생각해 보았다.

나는 한 마디로 은혜는 하나님과 좀 더 가까워지는 것이요, 은혜받음은 머리로 깨달아 마음에 이르고 마음에 이른 것으로 자신의 삶을 변화시키는 데까지 이르렀을 때 비로소 은혜받은 것이라고 생각한다. 은혜는 받았다고 하면서 이전의 옳지 못한 삶에 변화가 없다면 은혜받음이 무슨 필요가 있을까? 은혜받았다는 것은 자신의 입으로 증거 하는 것도 필요하겠지만 그보다는 진짜 은혜받음은 가까운 사람이 은혜받았음을 생활 속에서 느낄 때 그 사람이 진짜 은혜받은 것이라 생각한다. 말로는 자기는 은혜받았다고 하는데 여전히 이전의 못된 성품과 잘못된 생각과 불평과 비난을 일삼는다면 그것은 은혜받은 것이 아니라 일종의 자기만족의 착각일 뿐이다.

하나님이 주시는 은혜는 그런 것이 아니지 않은가? 받은 은혜가 있다면 은혜받았다는 말도 필요하지만, 그보다는 그것에 걸맞은 입술이 되고, 마음이 되고, 삶이 되어야 할 것이다.

예를 들어보자. 가령, 주일 성수에 대한 설교 말씀을 듣고 은혜받았다고 한다면 어떻게 해야 하겠는가? 우선은 주일 예배에 결석해서는 안 된다. 물론 어쩔 수 없는 일이 생기는 것을 모르는 것이 아니다. 그러나 주일 성수에 힘을 써야 할 것이다. 그런데 그런 설교를 듣고 그다음 주일에 별것 아닌 이유로 결석을 했다면 그것은 절대로 은혜받은 것이 아니라는 말이다.

  그렇다. 은혜받았다는 것은 내 마음에 합한 설교 말씀이라 기분이 좋아지는 것을 포함하기도 하지만 그것이 은혜받음은 아니다. 또한 말씀을 듣고 컬컬한 마음이 시원해지는 것 역시 은혜받음이라 할 수 없다. 은혜받음은 결국 삶의 변화까지 이르러야 진정한 은혜 받음이다.

  그 장로님은 내가 생뚱맞아 보이기도 하는 은혜 받음이 무엇인지 라는 질문을 곰곰 생각해 보았다고 한다. 그리고는 진정한 은혜 받음이 무엇인지 알게 되었다고 하면서 그런 질문을 던진 내게 고맙다는 말까지 하시는 것이었다. 그래서 좀 짓궂은 나는 장로님에게 알게 된 것이 무엇인지 또 물었다. 장로님의 말씀은 이러했다. 목사님의 설교 말씀이 마음에 와닿아 고개가 끄떡여지고, 마음에 합하면 은혜받았다는 생각이 들었다고 한다. 그리고는 답답했던 마음이 시원해지고 어두웠던 마음이 가벼워지고 밝아지면 은혜받은 것으로 생각했다고 한다. 그런데 생각해 보니 그것도 물론 은혜받은 것이지만 좀 더 적극적인 의미의 은혜 받음은 그 말씀에 따라 자기 삶의 변화가 진정한 은혜 받음이라는 결론을 내렸다는 것이었다. 그러면서 나에게 하시는 말씀이 내가 그런 질문을 던져 좀 의아했으나 생각해 볼 기회를 가질 수 있게 해 준 나에게 고맙다는 말씀까지 하시는 것이었다.

  이렇게 말씀을 하시는 장로님의 순진한 믿음과 마음이 너무도 멋있었다. 그야말로 은혜가 되었다. 그래서 나는 장로님께 이렇게 말했다. "역시 장로님이십니다."

[20170918]

구레네 사람 시몬같이 2

성경 속에는 수많은 사람의 이름이 기록되어 있다. 그냥 성경을 생각만 해도 떠오르는 이름이 있는가 하면 아무리 생각해도 떠오르지 않는 모르는 이름도 있다. 그중에는 여러 번 성경에 등장하여 많은 사람 들이 기억 하는 이름도 있고, 오직 한번 기록되어 있어 생소한 이름도 있다. 또한 하나님으로부터 귀하게 쓰임 받은 인물도 있고, 악하게 쓰임 받은 인물도 있다.

언젠가 어떤 목사님으로부터 이런 이야기를 들은 적이 있다. 성경에는 어떤 모양으로든지 쓰임 받은 사람의 이름은 기록되었지만 그렇지 않은 사람은 이름이 기록되지 않았다고 말씀하셨다. 예를 들면 거지 나사로와 부자 이야기를 보면 나사로는 신분도 천한 그야말로 가난뱅이 거지이지만 나사로라는 이름으로 기록되어 있고, 부자는 이름이 없이 그냥 부자라고 칭했다고 하셨다. 그러나 성경에는 악하게 쓰임 받은 사람의 이름이 없는 것이 아니라 수도 없이 많이 등장하는 것을 보면 이 말은 꼭 맞는 말은 아닌 것 같다. 귀하게 쓰임 받아 대대로 존귀한 이름으로 남은 사람들은 얼마나 좋을까 부러웠다.

성경에 기록된 많은 사람 중에 특히 이 사순절에 절대로 간과할 수 없는 이름이 있다. 그 이름은 바로 구레네 사람 시몬이다. 이 사람의 이름이 거론되는 곳에는 언제나 시몬이라는 이름 앞에 구레네 사람이라는 시몬을 설명하는 접두어가 나온다.

성경에는 특히 신약에는 시몬이라는 이름을 가진 사람이 여러 명 있다. 시몬 중에 누구나 다 잘 아는 예수님의 수제자 베드로 시몬이 있다. 그리고 내가 동질 의식을 느끼는 시몬은 바로 구레네 사람 시몬이다. 이 구레네는 지금의 리비아 수도인 트리폴리 지방이라고 하는데 아프리카라는 점에서 이 시몬은 흑인이었을 것으로 추측한다. 그리고 그곳은 예루살렘에서 상당히 먼 곳인데 유월절 순례자로 예루살렘에 온 것으로 보아 유대교인이었을 가능성이 크다.

그러나 그런 것이 중요한 것은 아니다. 다만 그가 예수님의 십자가 구속 사업에 조금이나마 몸소 참여하였다는 점이고, 또 한 가지는 자원해서가 아닌 억지로 참여했다는 점이다.

마침 그는 예수님께서 십자가를 지고 지나가는 길목에 있었다.

마치 큰 구경거리라도 되는 양 수많은 인파 속에 그도 끼어 있었을 것이다. 그곳에서 인류 역사의 가장 크고 위대한 사건을 호기심 짙은 눈으로 바라보며 무슨 생각을 했을지 궁금하다.

그는 예수님께서 십자가를 지고 가시는 모습과 함께 예수님께서 십자가의 무게를 못 이기고 쓰러지신 모습은 물론 쓰러지신 예수님을 인정사정없이 채찍질하는 그 끔찍한 모습도 보았을 것이다. 도저히 더는 예수님께서 십자가를 지고 갈 수 없겠다고 판단한 로마 군병은 예수님을 대신하여 십자가를 지고 갈 사람을 찾았고 그때, 병정들의 눈에 그가 보였을 것이다. 그는 예수님이 쓰러지신 곳에서 가장 가까이 있었고 또 그 무거운 십자가를 지고 갈 만한 체격이었기에 로마 군병은 그를 적격으로 지목한 것이리라. 세상 말로 아닌 밤중에 홍두깨라고 얼마나 놀랐을까? 그는 하필 왜 나일까 라는 생각에 기분이 나빴을 것이다.

그러나 그는 수많은 인파 가운데에서 뽑힌 사람이었다. 많고 많은 사람 중에서 오직 한 명이었던 것을 생각하면 그는 인류 구속의 위대한 과업에 유일하게 몸소 동참한 사람이 되었다. 처음엔 싫다고 거부했을 것이다. 그러나 그는 그 무거운 십자가를 예수님을 대신하여지고 갔다. 그렇게 억지로 참여했지만, 그는 너무도 큰 복을 받았다. 성경에 보면 훗날 그의 가정이 하나님으로부터 복 받았음을 알 수 있고, 또 복 받은 것을 구체적으로 말하는 학자도 있다. 만약에 그가 자원하여 예수님의 십자가를 대신 졌다면 얼마나 많은 복을 받았을까?

'하나님께는 공짜가 없다'라는 말이 있다. 자원하는 마음이 아닌 억지로 십자가를 졌는데 무엇을 잘했다고 하나님께서는 그의 가정을 그리도 축복하셨을까? 이것이 바로 깊고 크신 하나님의 사랑이다.

하나님은 억지로라도 하는 것을 하지 않는 것보다 귀하게 여기신다. 그리고 그런 마음을 긍휼히 여기신다. 어쩌면 신앙의 선진 들이 다 자원하는 마음으로 순종하고 충성한 것은 아닐 것이다. 모세도 이리 빼고 저리 뺐지만 결국 하나님의 주권 앞에 무릎을 꿇고 이스라엘 백성을 이끌어내기 위해 애굽 땅으로 갔다. 이사야도 그랬고, 바울은 또 어떠한가? 예수 믿는 사람을 죽이는데 선봉에 섰던 사람이었지만 다메섹 도상에서 주님을 만난 후에는 전도자 바울이 되지 않았던가?

하나님께서는 당신이 필요로 하는 사람을 쓰신다. 자원하는 마음이 있든, 없든 상관없이 하나님께서는 하나님이 필요로 하는 사람은 억지로라도 쓰신다. 모난 돌을 다듬어 모퉁이 돌이 되게 하신다. 야생마를 길들여 명마가 되게 하신다. 다만 하나님 마음에 드는 그 무엇이 있으면 믿음 없는 자를 믿음 있게 만드신다.

천한 사람도 하나님 손에 붙들리면 귀한 사람이 된다. 낮은 자도 높여 존귀케 하신다.

훗날 그는 그날의 일로 인해 만감이 교차했을 것이다. 비록 억지로, 반강제로 진 십자가였지만 자신의 일생에 있어 가장 자랑스럽고 최고로 잘한 일이었다고… 억세게 운이 나빴다고 생각했던 것이 결국엔 인류 역사에 최고의 행운아가 된 것을 생각하며…

'그럴 줄 알았으면 자원할 걸, 그럴 줄 알았으면 기쁘게 지고 갈 걸, 그럴 줄 알았으면 감사하는 마음으로 질 것으로.' 하지 않았을까?

[20190329]

이 시대에 놀랄 만한 이야기

평소 잘 알고 지내던 목사님 부부와 함께 식사하며 대화할 때의 일이다. 함께 식사하시던 목사님께서 놀랄 만한 이야기를 하나 하겠다고 자못 진지하게 말씀하셨다. 기대감으로 놀랄 만한 이야기를 듣는 도중, 나는 정말 놀라고 말았다.

놀랄 만한 내용인즉, 어떤 장로님은 모 회사 중견인데 술을 일절 안 마신다는 것이었다. 무슨 말인지 어리둥절하고 있는데 이것이 바로 놀랄 만한 이야기라고 하신다. 술 안 마시는 장로님의 이야기가 놀랄 만한 이야기라는 말씀에 어안이 벙벙해졌다. 아니, 술 안 마시는 장로님 이야기가 아닌, 반대로 술을 마시는 장로님 이야기가 놀랄 만한 이야기가 되어야 하는 것이 아닌가? 장로님이라면 당연히 술을 마시지 않을 터인데 그것이 놀랄 만한 이야기라니…

술 마시는 장로님들을 보며 놀라는 것이 아닌 술 마시지 않는 장로님을 보고 놀라야 하는 기막힌 이 시대가 바로 우리가 살아가는 현주소라는 말이다.

성경에는 분명히 술 취하지 말라고 했다. 그 말씀은 구세대의 잔여물이 아닌 지금도 유효한 말씀이다. 술을 얼마만큼 마셔야 취한 것이냐에 대해 한 잔 마시면 한 잔만큼 취하고, 두 잔을 마시면 두 잔만큼 취하는 것이니 한 모금의 술도 마시지 말라는 설교를 들은 적이 있다. 오래전에 들은 말씀이지만 지금도 기억에 생생한 술에 대한 설교 말씀이다. 그 말씀은 많은 사람들이 완전히 공감할 수 없는 말이라 하더라도 나는 그 말씀에 전적으로 동의하며 그렇게 생각한다. 그리고 믿는다.

내가 어릴 때 사용하던 구(舊)찬송가에는 〈금주가〉가 있었다. 지금도 희미한 기억 속에 생각나는 가사는 이렇다. "금수강산 내 동포여, 술을 입에 대지 마라. …… 아 마시지 말라 그 술, 아 보지도 말라 그 술, 우리나라 복 받기는 금주함에 있느니라" 중간에 가사가 정확히 생각이 나지 않는다. 이만큼 교회에서는 술을 금했다.

아마 이 금주가가 지금 찬송가에 있다면 그것 또한 놀랄 만한 이야기가 되고도 남을 것이다. 이렇듯 세상은 많이 변했다. 아니 변했다기보다는 그만큼 합리적인 사고로 타협하는 현실이다. 좋은 게 좋은 것이라는 데서 출발한 사고방식이다. 술을 마시든 안 마시든 예수는 믿어야 한다는 명제로 이러한 현실을 묵인하거나 용납하고 이해하는 너그러운 시대가 오늘날이다.

성경에는 포도주를 조금 하라는 바울의 말이 있다. 그리고 예수님의 첫 번째 이적이 혼인 잔칫집에서 물로 포도주를 만드신 일이었고, 또 포도주를 가지고 마지막 만찬을 제자들과 하셨다. 이런 것들이 술 마시는 사람들에게 술을 마셔도 되는 합리적이고 좋은 핑곗거리가 되기도 한다.

이왕에 술에 대해 말이 나왔으니 한 가지 짚고 가고 싶다.

술이 우리에게 주는 유익이 있다고 하지만 그것은 아주 미약할 뿐이고 술이 우리에게 주는 폐해는 굳이 말하지 않아도 너무도 많고 또 크다. 가정의 불화, 사회 속에서 범죄 대다수는 이 술과 연관된 것들이다. 그러한 상황 속에 우리나라의 술 소비는 OECD 국가 중 최고의 나라다. 누구나 최고를 좋아하지만, 그것을 자랑할 수 있겠는가?

요즘은 술 못 마시면 인간관계 맺기 힘들다고 한다. 내 친구의 딸이 대학에 합격한 후 이 모양 저 모양의 신입생 환영회 때 강제로 마시게 하는 술 때문에 학교를 그만두기도 했다. 또 퇴근 후, 회식이라는 명목으로 밤이 깊도록 술집을 전전하는 사람들은 사회생활을 위한 어쩔 수 없는 현실이라고 하면서, 집으로 곧장 가는 사람들을 사회생활의 낙오자처럼 생각하는 문화가 문제다.

성도 중에는 술에 대해 관대한 사람도 있고, 지나치게 철저한 사람도 있다. 그러나 아직은 세상 사람들은 '성도는 술 마시지 않는 사람'이라고 생각하는 사람들이 대다수다. 그러니 성도라면 자신은 술에 자유함을 얻었다 해도 사도 바울이 말한 것처럼 세상 사람들을 실족시키지 않아야 한다.

그러고 보니 이전엔 당연하고 평범한 일들이 이제는 놀랄 만한 일로 바뀐 것들이 너무도 많다. 우스운 이야기로 아직도 조강지처와 사십니까? 라는 말이 있다고 한다. 조강지처와 사는 것은 지극히 당연한 이야기다. 그런데 그것이 놀랄 만한 일이라는 것이다. 아무리 웃자고 하는 말이지만 세태를 풍자한 이야기 같아 맥 빠진 웃음만 나온다. 이렇듯 무엇인가 거꾸로 되어 버린 기막힌 시대를 우리는 살아가고 있다.

현시대는 예민할 것에 둔감하고, 둔감할 것에 민감한 시대다. 깜짝 놀랄 일들을 이제는 당연하게 여기게 되고, 놀라지 않을 일들로 인해 깜짝 놀라는 시대가 되었다.

검정 치마에 흰 저고리가 목사 아내들의 유니폼처럼 되었던 시절에는 밝고 좀 화려한 옷을 입으면 문제가 되었다. 그러나 지금 그 시대처럼 옷을 입는다면 도리어 문제가 될 것이다. 또한 60년대에는 목사님이 다방(지금의 카페)에 가서 차를 마셔도 비난거리였다. 만일 현세에 그 정도를 비난한다면 비난하는 사람이 도리어 비난을 받음은 지극히 당연한 일일 것이다. 아니 꽉

막힌 고리타분한 사람이라고 왕따를 당할지도 모른다. 그리고 현세에 찻집에 가지 않는 그런 목사님이 계신다면 그 목사님을 보고 깜짝 놀랄 사람들이 많을 것이다.

또 한 가지 이야기를 하자면 내가 어릴 때는 교회에 가면 가운데 넓은 통로가 남녀의 자리를 구분 지었다. 고등학생이 될 무렵에 남녀의 자리 구분이 희미해져 서로 섞여 앉게 되었는데 참 어색했던 기억이 난다. 지금 그때처럼 남녀를 따로 앉게 한다면 얼마나 많은 사람 입에 오르내리는 교회가 될까?

그리고 내가 어렸을 때, 아니 불과 1, 20년 전만 해도 성도가 예배드리러 교회에 갈 때는 반드시 성경 책과 찬송가 책을 들고 다녔다. 혹 사정이 있어 빈손으로 교회에 오게 되면 계면쩍어하며 누구에게라도 빌려서 예배당 안으로 들어와 예배를 드렸다. 그리고 선생님은 책 없이 교회에 오는 우리에게 무기 없이 전쟁에 나가는 사람과 같다고 말씀하시기도 했다. 그런데 요즘은 산업의 발달로 인해 교회마다 대형 스크린이 설치되어 있다. 그래서 많은 성도가 성경 찬송가 책을 가지고 다니지 않는다. 성경 찬송가 책을 가지고 길을 가는 사람들을 보면 어쩐지 동료 의식이 느껴지고 기분이 좋았던 옛날이 참으로 그립다. 주일 아침이면 교회에 가는 사람들의 모습인지 아닌지 알 수 있었건만 지금은 어디를 가는지 알 수가 없다.

그렇게 달라졌다. 불과 세월이 얼마 지나지 않았는데 이렇게 달라졌다. 물론 시대의 흐름을 생각할 때 교회도 시대에 맞아야 할 것이다. 그러나 또 한편으로 그 반대로도 생각해 볼 필요가 있다. 옛것을 고집스럽게 지키자는 것이 아니다. 바람직하고 옳은 것들은 옛것이라도 지키고, 버릴 것은 버리자는 것이다. 세상의 문화 속에 교회가 있지만, 요즘은 너무도 교회가 세속화되어 가고 있다. 세상 속에 교회를 심어야 할 터인데 교회 속에 세상이 너무도 깊이, 많이 들어와 있는 것만 같아 안타깝다.

참된 경건은 시대에 따라 변화되는 것이 아니다. 오늘날, 60년대에 경건했던 사람처럼 산다면, 살라고 한다면 시대를 모르는 파렴치한 사람이라고 비난할 수도 있을 것이다. 그러나 분명히 알아야 할 것이 있다. 이 세상은 윤리도 변하고, 유행도 변하고 다 변하지만, 하나님은 과거나 현재나 미래까지 변치 않으신다는 점이다. 이렇게 변화된 이 시대를 보고 주님은 얼마나 놀라실까?

당연한 것에 놀라는 시대. 당연한 것에 놀라야만 하는 시대. 과연 우리 주님은 이 변한 시대 속에서 어떤 것을 보고 놀라실까?

[20170110]

예수님과 붕어빵

　친정엄마가 돌아가시고(2012년) 얼마 지나지 않은 어느 주일 아침, 갑자기 엄마가 너무 보고 싶었다. 애써 아무렇지 않은 듯 감추려 했으나 그리워하는 마음이 얼굴에 조금은 나타났나 보다. 나의 엄마를 아는 권사님께서 내 얼굴에 슬픈 기색이 있다 하시면서 무슨 일이 있었냐고 물으셨다. 나는 솔직하게 돌아가신 엄마가 너무 보고 싶다고 말씀드렸다. 그랬더니 나를 위로해 주신다고 하시는 말씀이 너무도 의외의 말씀이었다. "그렇게 엄마가 보고프면 거울을 보세요."라고 말씀하시는 것이 아닌가. 그 말에 그리움과 슬픔은 어디론가 사라지고 웃음이 터져 나왔다.
　이런 일도 있었다. 나의 딸이 유치원에 다닐 때의 일이다. 사진첩을 꺼내 놓고 옛 사진을 들여다보며 추억에 잠겨 있었는데 나의 딸이 어떤 사진 하나를 보더니 갑자기 의기소침해지면서 급기야 소리 내어 서럽게 우는 것이었다. 나는 너무 놀라서 왜 그러냐고 다그쳐 물었다. 그랬더니 서러움에 복받친 목소리로 울면서 하는 말이 "엄마가 왜 다른 아이를 안고 있느냐"고 말하는 것이었다. 무슨 영문인가 하여 딸이 가지고 있는 사진을 빼앗아 보았다. 그리고는 나는 뒤로 넘어가고 말았다. 그리고 서러움에 울고 있는 딸아이를 붙잡고 배가 아프도록 웃었다. 사진을 보니 내 남동생이 돌 무렵에 나의 엄마의 품에 안겨 찍은 사진이었다. 내 남동생 돌 무렵이니까 엄마가 막 30세가 되던 해에 찍은 사진으로 그 사진 속에 엄마는 그날의 나보다 더 젊었을 때였다. 그 사진 속에 있는 남자아이를 안고 찍은 나의 엄마를 딸은 자기의 엄마인 나로 착각했던 것이었다.

내가 엄마를 닮아서 생긴 에피소드는 이것 말고도 또 있으니 내가 나의 엄마와 얼마나 닮았는지 짐작되고도 남을 것이다. 한마디로 나의 엄마와 나는 붕어빵의 관계였다.

살아생전에 나의 엄마는 내가 엄마의 붕어빵이라는 말을 참 좋아하셨다. 그러나 나는 그런 말을 들을 때마다 겉만이 아닌 속마음까지 닮지 못한 미안함과 죄스러움에 늘 마음이 무거웠다. 그것은 제일 먼저 믿음에 있어서 엄마를 따라가지 못했고, 또 엄마의 자애로움이나 그 인내심이나 덕스러움은 흉내도 내지 못하는 못난 내면의 내 모습 때문이었다. 그래서 엄마를 닮았다는 소리 이면에 나의 양심을 울리는 소리가 들리는 것 같아 마음 한편으로는 괴로웠다.

이제 나의 엄마는 하늘나라에 계신다. 엄마가 이 땅에 안 계시기 때문에 나는 더 엄마의 심성과 인격에 붕어빵이 되어야 함을 느낀다. 왜냐면 지금도 엄마를 아는 분들을 만나면 나에게 엄마를 똑 닮았다고 말을 하기 때문이다. 그리고 그들은 은연중에 내 겉모습만 엄마를 닮았다고 생각하기보다는 전인적인 면에서 내가 엄마를 닮았다고 생각할 것이기 때문이다. 그러니 엄마를 위해서도 나 자신을 위해서도 엄마의 모든 것까지 엄마를 닮은 나를 보여 주어야 한다. 적어도 이런 말은 듣지 말아야 하지 않겠는가. "겉은 자기 엄마를 똑 빼닮았는데 속은 전혀 자기 엄마와 달라." 엄마와 붕어빵이 되었으니 제대로 역할 노릇을 잘해야 함이 절실하다.

지구상의 수많은 사람은 일란성 쌍둥이로 태어난 사람을 제외하고는 모두 다 각기 다른 모습과 각기 다른 성격을 가지고 태어나고 또 그렇게 살아간다. 그런데 그렇게 다양한 모습 속에서도 조금 비슷한 사람이 있게 마련이다. 그래서 누가 누구를 닮았다는 말을 종종 하기도 한다.

또한 막 태어난 아이를 보고 사람들은 누구를 닮았는지 묻는다. 물으나 마나 자녀는 부모를 닮기 마련인데 부모는 자신의 자녀가 자기를 더 닮았다고 말하면서 덜 닮은 것 같으면 섭섭해한다. 그냥 생물학적으로 닮는 것 외에 무의식적이든 의식적이든 자녀는 부모를 닮는다. 교육기관에 들어가기 시작하면 선생님을 닮는다. 그리고 결혼하고 부부가 오래 같이 살다 보면 부부가 서로 닮는다고 한다. 금슬 좋은 부부는 정말 많이도 닮은 모습을 본다.

많은 사람의 존경을 받는 권위 있는 사람이나 멋있고 인기 좋은 연예인 중의 누구를 닮았다고 하면 좋아하지만 자기 맘에 안 드는 그런 사람을 닮았다고 하면 싫어한다. 그것은 반대로 생각해도 마찬가지일 것이다. 나보다 못한 사람이 나를 닮았다고 해도 기분이 좋을 리 없다.

그렇다면 성도는 누구를 닮아야 할까? 아니, 나는 누구를 닮아야 할까? 본이 되는 성직자를 닮을 수도 있지만, 궁극적으로는 예수님을 닮으려 노력해야 하고 또 닮아야 한다. 오늘날 겉은 예수 닮은 듯하게 보이지만 예수 닮지 못한 성도들이 너무도 많다. 성도로서의 연륜이 깊어지면 깊어질수록 예수님의 모습이 자신 안에 있어야 한다. 닮아간다는 것은 겉모습뿐이 아닌 속사람 즉 인격과 사상에 이르기까지 닮아가는 것이다. 내가 예수를 닮았다고 생각한다면 예수 닮은 삶을 살아야 한다. 나 때문에 예수님을 욕되게 해서는 안 된다. 그것은 예수님은 지금 이 땅에 안 계시기 때문에 예수를 믿는, 예수를 닮은 성도를 보고 세상 사람들은 예수를 알게 될 것이기 때문이다. 우리의 삶이 예수를 닮아야 한다. 삶 속에서 예수 닮은 모습을 보여서 예수의 참모습을 우리를 통하여 세상 사람들이 볼 수 있게 해야 한다. 그래야 예수 닮고 싶은 사람들이 더 많아질 것이 분명하다. 혼란스럽고 악이 가득 찬 이 세상에 예수를 닮은 붕어빵이 점점 더 많아지기를 소망한다.

예수님께서 나에게 '네가 나를 닮았구나.'라고 인정한다면 정말 예수님의 붕어빵이 되는 것이리라.

[20180201]

주일성수에 관한 이야기

나는 '주일은 생명 같이 지켜야 한다.'라는 부모로부터의 엄한 원칙 속에서 자랐다. 이렇게 나의 식구들에게 주일은 교회 가는 것이 최우선이었다. 어떠한 일이 생기더라도 교회를 빼먹고 하는 일은 절대로 용납되지 않았다. 이런 전통은 나의 딸에게까지 이어졌다. 고등학교 때 수학여행을 주일을 끼고 가게 되었는데 나의 딸은 주일을 범할 수 없다고 스스로 수학여행을 가지 않았으니까 말이다.

이처럼 나에게도 주일성수와 관련된 추억거리가 있다. 초등학교 1학년 때의 일이다. 어느 토요일 학교 수업을 마친 후, 할머니 댁에 놀러 갔다. 노는 재미에 빠져 시간 가는 줄 모르고 놀다 보니 밤이 되어 할머니 댁에서 잤다. 아침 일찍 일어나 서둘러 집으로 왔으나 이미 교회학교 시작할 시간이 지난 시간이었다. 그래서 교회학교에 가지 않겠다고 엄마께 조심스럽게 말씀드렸다.

예배당에 늦게 들어가면 창피할 것 같고 또 절대 지각 불허라는 내 마음의 원칙 때문에 그렇게 말했지만 그런 핑계를 받아들일 엄마가 아니었다. 나의 엄마는 조금 늦었지만 괜찮으니 그냥 가라고 하셨다. 나는 늦어서 도저히 못 가겠다고 고집을 부렸다. 엄마는 점점 더 강하게 다그치셨다. 교회 안 갈 거면 나가라고 밖으로 내쫓고 대문을 잠그셨다. 나는 대문 밖에서 한참을 울었다. 그러다가 가만 생각해 보니 오늘 교회에 안 가면 결석 처리되어 개근은 물론 엄마한테 매를 맞을 것이라는 불안감이 엄습했다. 흐르는 눈물을 닦고 무거운 발걸음으로 교회로 향했다. 담임선생님께 내 전후 사정 이야기를 했더니 도리어 나를 잘 왔다고 칭찬해 주셨다. 그런데 그날이 마침 시상식이 있는 날이었다. 나는 그날 지각한 것 외에 개근했기에 개근상을 받았다. 물론 상품도 푸짐하게 받았다.

  무거운 마음은 온데간데없이 사라지고 여느 주일과 마찬가지로 마냥 즐겁고 행복한 발걸음으로 집으로 와서 상 받은 것을 자랑하니 엄마는 그것 보라시며 칭찬해 주셨다. 만일 대문 밖으로 쫓겨나 집밖에서 고집부리며 교회로 가지 않았다면 그때의 상황과 정반대의 상황이었을 것이 분명하다. 지금 생각해도 늦었지만, 교회로 간 것이 얼마나 다행스럽고 자랑스러운지 스스로 대견하기만 하다.

  이처럼 나의 부모님은 주일에 교회 출석하는 것을 학교 출석보다 더 소중하게 여기셨기에 나의 형제들은 학교는 물론 교회도 결석한 일이 거의 없다.

주일성수와 관련된 또 하나의 기억이 있다. 고등학교 3학년 때의 일이다. 지금이나 그때나 대학입시생은 요일에 구분 없이 공부에 몰두해야 한다. 그러한 때에 나는 고등부 예배는 물론 주일 저녁 예배도 거의 빠지지 않고 드렸다. 지금도 내가 다니던 교회 기록에는 고3 때 개근한 학생이 둘이 있다고 하는데 그중의 한 명은 나, 그리고 또 한 명은 지금 열심히 목회하고 있는 내 남동생이라는 말을 들었다. 그러한 남동생이 중학교 때, 무슨 일이 있어 주일 낮에 자전거를 타고 나갔다가 주일 예배에 본의 아니게 빠진 일이 있다. 그런데 그날 자전거를 잃어버렸다. 이것은 물론 우연이었겠지만 우리는 그렇게 생각하지 않았다. 주일을 빼먹은 동생이 받은 벌이라는 데에 아무도 이의를 제기하지 않았다.

주일성수를 하지 않으면 벌을 받는다는 생각은 크리스천이라면 같은 생각인 것 같다. 이런 이야기를 들은 적이 있다.

미국에 최초로 들어온 사람은 청교도들이 아니라 금을 캐기 위해 미국에 온 영국 사람들이었다. 그러나 그들은 주일을 철저히 지켰다. 그런데 그곳에 그때의 모습이 보존된 한 마을이 있는데 어떤 집 문패에 이런 글귀가 적혀있다고 한다. "이 집은 주일을 범한 자가 맹수에게 온 가족이 물려 죽은 집입니다."라고.

　주일은 세상일을 멈추고 하나님께 예배드리는 날이다. 그러므로 주일이 있다는 그 자체만으로도 행복한 날이다. 주일을 지킨 많은 사람의 이야기가 있다. 그중에 몇 가지만 소개해 본다.
　미국의 12대 대통령으로 선출된 재커리 테일러는 헌법에 따른 대통령 취임식 날이 주일이었는데 그는 취임식을 거부하였다고 한다. 그것은 주일성수는 대통령 취임식보다 우선하는 하나님의 명령이었기 때문이라는 것이었다.
　미국 플로리다의 한 호텔 직원인 피에르는 주일성수를 위해 주일 근무를 거절했기에 근무 태만으로 해고당했다고 한다. 부당한 해고라고 소송했는데 미국 법원은 피에르에게 2150만 달러(약 241억 원)를 배상하라는 판결을 했다고 한다. 그때 피에르는 "돈 때문에 한 게 아니다. 잘못을 바로잡기 위해서였다."라며 "나는 주님을 사랑한다. 주일은 주께 예배를 드리기 위해 일을 할 수 없다."라는 믿음의 말을 했다.
　우리나라 마산에는 주일성수를 위해 6일 동안만 일한다는 의미로 '육일약국'이라고 이름을 짓고 철저히 주일을 지키신 분이 계신다고 한다. 마산에서 이 약국을 모르는 사람은 간첩이라 할 정도로 유명한 약국이라고 들었다.

달력의 주일 표시는 모두 **빨간색**이다. 길의 신호등의 색이 **빨간색**으로 켜지면 정지하라는 신호인 것처럼 달력의 **빨간색**의 날들은 모든 사람이 가던 길을 멈추고, 하던 일도 멈추라는 정지표시라고 생각하면 좋을 것 같다. 세상일을 멈추지 않고 계속하면 위법이요, 위험하다는 뜻으로 받아들이면 좋겠다. 그리고 교회로 나와 주일성수 하면 더욱 좋겠다. 그래야 하는 이유는 여기에 있다.

"여호와의 성일을 존귀한 날이라 하여 이를 존귀하게 여기고 네 길로 행하지 아니하며 네 오락을 구하지 아니하며 사사로운 말을 하지 아니하면 네가 여호와 안에서 즐거움을 얻을 것이라 내가 너를 땅의 높은 곳에 올리고 네 조상 야곱의 기업으로 기르리라 여호와의 입의 말씀이니라"(이사야 58:13-14).

[20190123]

이름처럼, 이름같이

　나를 만날 때면 언제나 "경애하는 사모님"이라고 양손을 공손히 모으고 깍듯이 인사하는 목사님 한 분이 계시다. 그럴 때마다 나는 손사래를 저으며 그렇게 하지 마시라고 한다. 그러면 그분은 정색하시며 자신이 그렇게 하는 것이 무엇이 잘못이냐고 하시면서 웃으신다. 그분이 나를 그렇게 지칭하는 데에는 이유가 있다. 내 이름이 공경 경(敬)자, 사랑 애(愛)자가 합쳐진 이름이기 때문이다.

　한 아기가 잉태되면 태속에서의 이름 즉 태명부터 시작하여 태어난 후엔 평생을 함께할 이름을 갖게 된다. 어느 가정이나 태어나는 아기의 이름은 신중하게 짓는다. 또한 아무리 잘난 사람도 자기의 이름을 자신이 지은 사람도 없다. 누군가가 심사숙고하여 나름대로 이 세상에서 가장 좋고 멋진 이름을 아기에게 선사한다. 그래서 전문적으로 이름을 짓는 작명소가 생기고 그곳이 문전성시를 이루는지도 모른다.

　나 역시도 내 딸이 태어났을 때 이 세상에서 가장 멋지고 귀한 이름을 딸에게 주려고 남편과 함께 생각하고, 의논하고 기도하며 지었다. 이름을 지은 후엔 그 이름에 걸맞게 살아가기를 기도하고 있다.

　우리나라에서는 사람의 이름은 그 사람 생명의 본질로 여겼기에 그 이름자를 다른 사람이 쓰면 그 사람의 생명을 훼손하는 행위로 생각하여 임금이나 아버지 등 조상의 이름자와 같은 글자를 못 사용하게 했다. 그뿐만 아니라 신성 침해 행위로서 법적인 제재까지 했었다고 하는 문헌을 본 적이 있다. 이만큼 이름 짓는 것은 굉장히 중요한 일로 여겼다. 그리고 이름 짓는 일만 중요하게 여기는 것이 아니라 호랑이는 죽어서 가죽을 남기고 사람은 죽어서 이름을 남긴다는 말이 있는 것을 보면 이름 그 자체를 소중하고 귀하게 여김을 알 수 있다. 그것은 그 이름 하나가 그 사람을 말해주는 것이기 때문일 것이다.

　나도 여러 사람의 이름을 지어 준 적이 있다. 어떤 인물이 되기를 원하느냐는 것을 물은 후, 내 나름의 그것과 연관되는 최고의 이름을 지어주었더니 감사의 선물까지 보내왔다.

　나의 부모님 역시, 부계로나, 모계로나 집안에 첫 아이로 태어난 나에게 세상에서 가장 좋은 이름을 지어주려고 했을 것은 틀림없는 사실이다. 대대로 내려오는 믿음의 가정에 최초로 태어난 아이니까 기독교 근본정신인 주 하나님을 사랑하고 네 이웃을 사랑하라는 뜻의 경천애인에서 두 글자를 빼내어 나의 이름을 지어주셨음이 분명하다. 그것은 내 평생 하나님을 경외하고 사람을 사랑하며 살라는 뜻이리라. 그렇게 생각하는 이유는 내 친정집 거실에 경천애인이라고 붓글씨로 쓴 커다란 족자가 걸려 있었기 때문이다. 이렇게 지어진 내 이름 덕분에 학창 시절 학교에서 가훈을 적어 내라고 하면 나는 한 치의 망설임도 없이 우리 집 가훈을 경천애인이라고 적어 냈었다. 그리고 어느덧 그것은 자타가 공인하는 우리 집 가훈이 되었다.

이렇게 멋진 뜻의 이름을 가지고 있건만 나는 내 이름을 별로 좋아하지 않았다. 그 이유는 뭔지 모르게 세련된 이름 같지도 않았고 또 동명이인이 간혹 있었기 때문이었다. 무엇이든 시대 조류와 문화의 영향을 받듯이 사람의 이름 또한 그런 것 같다. 요즘 아이들에게서 내 이름과 같은 이름은 찾아보기 힘들지만 나 어릴 적엔 내 이름과 같은 이름이 적지 않았다. 그러나 무엇보다도 내 이름 속에 있는 그 뜻대로 살아오지 못한 중압감이 내 이름을 좋아하지 않게 했다.

나와 같은 이름을 가진 사람이 초등학교 때부터 한둘이 있었던 것으로 기억한다. 물론 한자까지 같거나 성(姓)까지 같은 사람은 거의 없었다. 그런데 내 이름과 같은 동명이인으로 인한 에피소드가 있었다. 대학교 입학시험을 치르고 초조한 마음으로 하루하루 합격자 발표를 기다리던 중, 당시엔 라디오 방송국에서 합격자 명단을 입수하여 놓고 전화로 문의하면 합격 여부를 알려주었다. 떨리는 마음으로 전화를 걸어 문의했는데 "합격입니다. 축하합니다."라는 상냥한 아나운서의 음성이 들렸다. 듣는 즉시 너무 좋아 "감사합니다."를 연발하며 전화를 끊었다. 전화를 끊고 가만히 생각하니 나와 성까지 같은 아이가 앞뒤로 앉아 입학시험을 치른 것이 생각났다. 내 마음은 불안해지기 시작했다. 급기야 말도 안 되는 부정적인 생각이 나를 엄습했다. '한 과에 이름이 똑같은 사람을 뽑을까?' 혹은 '그 아이는 합격하고 나는 떨어졌을 거야' 등등의 생각이 꼬리를 물고 나를 괴롭혔다. 다시 방송국에 전화를 걸 용기도 나질 않았다. 합격의 감격을 누리기도 전에 불안에 떨고 있는 내 모습을 본 남동생이 용기를 내어 자기가 전화를 하겠다고 하는데, 나는 이불을 뒤집어쓰고 처음 전화할 때보다 더 초조하고 긴장된 상태로 숨을 죽이며 죽은 듯 있었다. 남동생이 전화를 걸어 확인한 결과 나는 물론 동명이인인 그 친구도 합격했다는 확실한 정보를 확인한 후 불안에서 해방되었던 기억이 있다. 그 후, 4년간 동명이인의 그 친구와는 대학 동창 중에서 가장 친한 친구로 지냈다.

그런데 예수를 믿는 나에게는 부모님이 지어주신 그 이름보다 더 소중한 또 하나의 이름이 있다. 그것은 바로 그리스도인이라는 이름이다. 일반적인 이름에도 부끄럽지 않게 살아야 한다면 그리스도인이라는 이름 앞에 더더욱 말할 필요도 없이 이름에 합당한 삶을 살아야 할 것이다. 내가 잘못하면 나의 부모님이 비난받기도 하는 것처럼 내가 잘못 살아 세상 사람들에게 그리스도인으로서 비난이 된다면 그리스도인이라는 이름이 부끄러울 뿐만 아니라 예수님께 죄를 짓는 것이 된다. 이름에 합당한 삶을 살아야 함을 새삼 느낀다.

이 세상에 태어난 사람 중에 이름 없는 사람은 없다. 그런데 이름을 보면 그 사람을 안다고 하는 말이 있는 것처럼 이름은 그 사람을 보여준다. 물론 이름으로 무엇이 되는 것은 아니다. 이름 하나로 무엇이 된다면 같은 이름의 사람은 같은 인물이 될 것이다. 단지 이름처럼 열심히 살아가다 보면 어느덧 이름에 걸맞은 사람이 되어 있음을 발견하게 된다. 역할과 이름이 균형과 조화를 이룰 때 그 사람은 위인이 될 수도 있고 지도자가 될 수도 있다. 우리는 때때로 이름값을 못 해 얼굴을 들지 못하기도 한다.

이런 이야기가 있다. 알렉산더 대제 휘하에 알렉산더라는 병사가 있었는데 그 병사는 형편없는 생활을 하면서 알렉산더라는 이름에 먹칠을 하고 다녀서 어느 날 알렉산더 대제는 알렉산더

병사가 있는 막사로 찾아가 다음과 같이 명령했다고 한다. "자네 이름이 알렉산더라지? 그렇다면 자네 이름을 바꾸든지 아니면 자네의 생활 태도를 바꾸도록 하게!"라고.

　이제부터라도 이름처럼, 이름같이 살아야 할 것을 새삼 다짐한다.

[20190220]

봉사 유감

먼저 내 친구 이야기로 글을 시작하려 한다. 나의 친구 중에는 믿음의 가정에서 태어나 어려서부터 교회에 다녔던 친구가 있다. 이 친구는 청년기까지 열심히 교회에 다니며 봉사도 많이 했다. 특별히 음악에 남다른 소질이 있어 성가대원으로 봉사하던 중 그곳에서 배우자를 만나 많은 성도의 축복 속에 목사님의 주례로 결혼한 친구다.

한동안 못 만났다가 오랜만에 만나 대화를 해 보니 신앙적인 이야기를 많이 하여 믿음이 좋은 듯 보였다. 그래서 지금 어느 교회에 출석하느냐고 물었다. 그런데 그 친구의 말이 자기는 현재 교회에 나가지 않는다는 것이었다.

나는 너무도 의아해서 이유를 물었다. 그랬더니 그 친구는 이런 말을 한다. 자신의 어머니는 권사로서 교회 일, 즉 심방과 교회 주방 봉사와 여전도회 일 등에는 누구 못지않게 앞장서서 일하셨다는 것이다. 그렇게 교회 일을 많이 하다 보니 자신이 어린 시절 학교에 다녀왔을 때 엄마가 집에 계신 적이 거의 없어 무척 서운했다고 한다. 혼자 식사한 적이 얼마나 많은지 마치 자신의 엄마를 교회에 빼앗긴 것 같아 교회가 점점 싫어졌다는 것이었다. 그래서 자기는 예수는 믿지만, 자신에게서 엄마를 빼앗아간 교회는 안 나간다고 했다.

물론 이 일은 친구의 어머니에게 문제가 있는 것인지 친구의 그릇된 판단이나 오해로 인한 것인지는 좀 더 생각해 볼 여지가 있지만, 교회에 안 갈 충분한 조건은 절대로 아니다. 그러나 한번 생각해 보아야 할 문제임은 틀림없다. 이런 이야기는 비단 내 친구 한 사람의 이야기만은 아니다.

공공 단체나 집 밖에서의 봉사는 많이 하는데 자기가 기거하는 집 안에서는 전혀 봉사와 멀게 살아가는 사람도 있다. 자기 방은 난장판이 되어도 빗자루 한 번, 걸레 한 번 드는 적이 없는데 거리 청소에는 열성을 다하는 자도 있다. 또한 집안 식구들에게 끼니때가 되어도 밥을 제때 해 주지 않으면서 교회의 주방 봉사에는 대단히 열정적인 사람도 있다. 어디 그뿐이랴. 심지어는 병원 호스피스 일은 열성을 다하여 봉사하는데 자기 집안의 아픈 가족 하나 돌보는 데엔 전혀 무관심하거나 아예 돌보려 하지 않는 사람도 보았다. 왜 그럴까?

가장 가까운 곳에서, 가장 필요로 하는 사람에게는 봉사하지 않고 밖에서의 봉사만을 고집하는 것은 왜일까? 곰곰이 생각해 보았다.

　그 이유는 다음과 같다고 생각한다. 첫째는 봉사도 아는 사람보다는 모르는 사람에게 하고 싶어 하며, 자신의 기분과 함께 즐거워야만 한다는 것이고, 둘째는 어느 정도 성취감이 있을 때 하고 싶다는 점이다. 집안에서의 봉사는 의무화된 것으로 늘 보는 사람을 위한 것이고, 또 소소한 작은 일이라 별로 나타나지도 않고 만족감도 없으며 일상의 일처럼 되다 보니 기쁨으로 하게 되지 않는다. 그리고 때에 따라서는 그 수고를 알아주지도 않을 뿐만 아니라 그저 당연시하기 일쑤다. 아니, 설령 공을 치하한다 해도 늘 보는 사람에게 듣는 치하니 별로 기쁘지도 않다. 그러나 모르는 곳에 가서 하면 의무감 없는 순수한 희생 봉사처럼 보이니까 만족감도 생기고, 뿌듯함도 생길 것이다. 그리고 일을 마쳤을 때 오는 성취감 또한 클 것이다. 그리고 결과론적으로 무슨 일을 이루었다는, 보이는 성취가 더욱 마음을 즐겁게 할 것이다. 때로는 치하도 들을 것이다. "그 사람 참 봉사를 많이 하는 좋은 사람이야."

　기독교인만큼 봉사라는 단어에 익숙한 사람도 없다. 봉사란 사전적 의미로 보면 국가나 사회 또는 남을 위하여 자신을 돌보지 아니하고 힘을 바쳐 애씀을 의미한다. 남을 위하여 일하거나 남을 위해 노력하는 것, 혹은 국가나 사회를 위해 헌신적으로 일하는 것을 포함하여 때로는 상인이 손님에게 헐값으로 물건을 파는 것까지를 봉사 범주에 넣는다.

그렇게 보면 봉사는 기독교인의 필수 과목이다. 그렇기에 봉사를 많이 해야 한다. 나이 들어갈수록 오래 살려면 봉사를 많이 하는 것이 건강에 좋다고 한다. 봉사가 육체 건강은 물론 정신 건강에도 도움이 되고, 우울증에도 안 걸리고 행복한 삶을 영위한다는 것은 누구나 다 아는 사실이다. 그래서인지는 몰라도 연세가 지긋하신 분들이 봉사하는 것을 쉽게 볼 수 있다.

자기 일을 완벽하게 다 한 후에 봉사한다면 봉사할 사람은 별로 없을지도 모른다. 그러나 자신의 앞가림도 제대로 못 하는 사람이 봉사하는 것은 자신의 설 자리와 앉을 자리를 구분 못 하는 미련한 행위가 아닐 수 없다. 예를 들면 자신의 가족에게 마음 씀에서나 물질에서나 인색한 사람이 남에게는 아주 호의적이고 물질도 헤프게 쓰는 사람도 같은 부류에 속한 사람이다.

수신제가 치국평천하라는 말을 굳이 빌리지 않아도, 등잔 밑이 어둡다는 속담을 상기하지 않더라도 우리의 봉사는 가장 가까운 곳에서부터, 가장 필요로 하는 사람에게, 가장 작은 것으로부터 시작되어야 한다. 그리고 큰 사람, 큰일을 위해 즉 대외명분이 있는 일의 봉사도 해야 하지만 그보다는 보이지 않는 작은 일, 작은 자를 위한 봉사가 선행되어야 할 것이다. 또한 봉사에는 내가 꼭 해야만 하는, 나밖에 할 사람이 없는 봉사가 있고, 반면에 내가 하지 않아도 누군가가 할 수 있는 봉사도 있다. 그것도 잘 구분하여 지혜롭게 해야 한다.

　이 세대의 봉사는 어쩌면 자기만족의 봉사가 만연하고 있는지도 모른다. 그리고 왼손이 하는 일을 오른손이 모르게 하라는 성경 말씀은 말씀으로만 존재할 뿐 왼손이 하는 일이 자신의 입지를 세워 많은 사람으로 존경을 받으려는 숨은 야심은 없는지 반성해 봐야 한다. 진정한 봉사란 원래 드러내지 않고 해야 하며, 드러남을 원하지 않아야 하고, 또 자랑할 수 없는 것임을 명심하면서 말이다.

[20200605]

주와 함께 그날까지

초등학교 4학년 때로 기억된다. 버스 정류장에서 집으로 가는 길에는 좀 으스스한 저택이 있었다. 지금도 가늠하기 어려울 만큼의 아주 넓고 웅장한 이층집이었다. 그 집 대문은 안이 훤히 들여다보이는 철 대문으로 대문 안의 마당에는 언제나 사람의 인기척은 없고 바람에 흔들리는 아름드리 고목만이 집을 지키고 있었다.

정확한 소식은 아니지만, 풍문에 들리는 말로는 그 집은 일제 강점기에 일본사람이 살던 집이었는데 우리나라 광복과 함께 일본으로 떠난 후 빈집으로 남아 있다는 것이었다. 그런데 20여 년이 지난 그 시기까지 왜 빈집으로 있었는지 그것은 알 수가 없었다. 오래된 빈집은 언제나 괴상한 소문이 있게 마련이듯이 이 집도 예외 없이 귀신이 있다는 이상한 소문이 있었다.

내가 버스에서 내려 집으로 가려면 반드시 그 거대한 집을 지나가야만 하는데 어쩌다 해가 진 후, 귀가하게 되면 늘 공포에 떨었다. 밤이 깊은 시간은 말할 것도 없고, 해가 서산을 막 넘어간 초저녁이라 해도 그 집 앞을 지날 때의 걸음걸이는 빨라질 수밖에 없었다. 혹 비가 부슬부슬 내리는 날에 그 집 앞을 지나가는 것은 죽음 같은 공포가 엄습하여 긴장하게 할 뿐만 아니라 진땀을 빼기에, 등골이 오싹하기에 충분했다.

그러나 나에겐 무기(?)가 있었다. 그것은 무서운 밤길을 갈 때 항상 부르는 지정곡의 노래가 있었다. 그것은 바로 찬송가 중의 하나인 "주와 같이 길 가는 것 즐거운 일 아닌가."였다. 이 찬송은 어디를 가나 밤길을 지켜주는 내 지킴이었다. 그 지킴이 찬송은 그 집 앞을 지나갈 때는 언제나 자연스럽게 내 입에서 흘러나왔다. 마치 귀신이 있다면 나를 보고 물러가라는 듯 마음속은 무서움에 떨었지만, 겉으로는 태연함의 여유를 억지로라도 보이면서 되도록 크게 불렀다. 그러나 솔직히 말해 아무리 찬송을 크게 불러도 무서움은 사라지지 않았을 뿐만 아니라 마음속에는 무서운 생각들이 더 들었다. 무서움이 엄습함과 비례로 나는 찬송을 더 크게, 그리고 더 빠르게 부름과 동시에 내 발걸음 또한 더 빨라졌다. 이것은 걷는 것이 아니고 뛰는 것이었다. 빨리 뛰면 뛸수록 숨이 차오르고 내 입에서는 더 빠르게, 더 크게 찬송이 나왔다.

지금도 그때의 일을 생각하면 웃음이 난다. 나 어릴 때의 밤은 지금의 밤과 비교가 안 될 만큼 캄캄했다. 지금처럼 전등이 많지도 않았고 또 켜져 있는 불빛도 그리 밝지 않았다. 그렇기에 밤이 깊어지면 깊어질수록 세상은 덩달아 더 어두워졌다. 그리고 그때는 왜 그렇게 귀신 이야기가 많았는지 모르겠다. 참으로 많았다. 낮에 아무렇지 않게 들었던 이야기가 밤이 되면 생각하지 않으려 해도 내 뇌리엔 그 무서운 생각이 저절로 들기도 했다. 그리고는 나의 풍부한 상상력이 더욱 그것을 부추겼다. 그렇게 무서움을 많이 타면서도 귀신 이야기에 흥미가 있었다. 겁이 많은 나의 모순이었다. 어른이 된 후로는 좀 나아지기는 했지만 다른 사람에 비하면 아직도 겁이 많은 편이다. 스스로가 믿음이 없어서 그렇다고 반성도 해 보았지만, 꼭 그런 것만은 아니라고 스스로 위로하기도 한다.

그렇게 겁이 많기에 자연히 밤에 밖에 나가는 것을 꺼렸다. 그래서 밤에 나갈 일이 있으면 동생을 구슬려서 함께 다녀오기도 했다. 그것마저 여유롭지 못하고 꼭 나가야 할 일이 있을 땐 언제나 나를 지켜주는 지킴이 찬송을 부르며 애써 무서움을 달래곤 했다. 캄캄하고 무서운 밤에 나 홀로 걷는 것이 아니라 주님이 내 손을 잡고 함께해 주심을 상상하며 든든할 수 있었다. 그런데 아무리 캄캄한 밤이지만 무섭지 않을 때가 있었다. 그것은 엄마와 같이 갈 때였다. 비록 달빛도 없는 칠흑처럼 캄캄한 밤일지라도 엄마의 손을 잡고 가는 날엔 아무런 두려움이 없었다. 더욱이 엄마가 나를 업고 갈 때는 무서움은커녕 대낮에 걷는 것보다 더 행복했다.

'함께'라는 말은 참 가슴 뭉클하고 멋있고 훈훈한 말이다. 또한 혼자라는 말과는 비교가 안 되리만큼 든든함을 준다. 그것도 나를 잘 알고, 나를 이끌어 줄 사람이 함께한다면 이보다 더 행복한 일은 없다. 사람들끼리도 그렇다면 하물며 내 인생길에 주님이 동행하신다면 이보다 더 힘이 되는 것은 없지 않을까? 이렇게 주님이 내 손목을 잡고 내 삶에 동행해 주시는데 무엇을 두려워하랴. 일이 순적하게 풀릴 때에는 마치 나 혼자 할 수 있다는 듯, 도리어 주님과 잡은 손이 갑갑하다고 주님의 손을 슬그머니 놓은 적은 얼마나 많았을까? 그럼에도 불구하고 나의 주님은 언제나 내 손목을 굳게 잡고 계셨고 또 계실 것이니 든든하다.

인생길에 내가 지치고 힘들어 쓰러질 것 같을 때는 나의 주님은 나를 안고 가실 것임에 틀림없다. 이것을 생각하면 감격과 감사의 눈물과 함께 용기가 솟는다.

평생 주님과 동행한 믿음의 선진 들의 모습이 떠오른다. 그렇게 나도 평생 주님과 동행한 그 믿음의 선진들 뒤를 따르고 싶다. 그들과 함께 한 주님이 나의 주님이기에 그날까지 동행해 주실 것을 믿는다. 예수님과 동행하면 무서울 것은 물론 부러울 것도, 염려될 것도 없다. 그렇게 주님 잡은 손 놓지 않고 한 걸음 한 걸음 걷다 보면 목적지에 다다를 것이다. 그렇게 천국에 가고 싶다.

이 새해엔 한순간도 나 혼자 걷는 일이 없도록 해야겠다. "주와 같이 길 가는 것 즐거운 일 아닌가." 나의 지킴이 찬송가 가사가 오늘따라 행복과 든든함을 준다.

[20200210]

하나님 마음에 합한 겸손

우리가 살아가는 이 세상은 너무도 넓고 다양하고 분주하기만 하다. 사실, 내가 사는 이 지구가 좁다고 하지만 내가 살기엔 너무도 넓고 크다. 그렇기에 어디서, 어떻게 사느냐에 따라 보이는 인생이 다르고 경험하는 인생이 다르다. 그리고 어떤 눈으로 어디를 바라보느냐에 따라 삶의 방법도 다르고 서로 다른 인생을 살다 간다. 그렇게 보면 인생은 시각장애자가 코끼리 만지는 것이 아닐까 생각한다.

아무것도 보이지 않는 시각장애인에게 코끼리를 만지게 하고는 코끼리가 어떻게 생겼냐고 물었을 때 그들은 자신이 만진 부분을 가지고 코끼리가 이렇게 생겼다고 자신 있게 설명할 것이다. 때에 따라서는 자신이 만진 부분이 정말 코끼리라고 힘주어 강조하기도 할 것이다. 그런데 문제는 어디를 만졌느냐에 따라 그 답은 다르다. 다른 답이라고 해서 틀렸다고 할 수는 없는 것은 사실이다. 그러나 그렇게 자신감 넘쳐 말하는 그 자리에 코끼리를 수도 없이 보아 온 눈 뜬 사람이 있다면 힘주어 자신이 만진 그것이 다 인양 설명하는 그 시각장애인을 어떻게 생각할까?

평범한 이야기 같지만, 이 이야기는 그냥 지나치기에는 너무 많은 인생 교훈이 담겨 있다. 사람은 이런 오류를 일마다, 때마다, 하루에도 수없이 경험하며 살아가고 있다. 시간과 공간에 유한한 인간의 자기주장은 하나님이 보시기에는 시각장애인이 코끼리 만지고 자기가 만진 것이 다 인양 으스대는 것보다 더 기막히지 않겠는가. 우리는 시각장애인이 만진 그 부분만이 정말이라고 우기는 것보다, 더 자기 생각과 경험을 고집하며 우기며 남을 비난한 적 또한 얼마나 많았을까.

교만이란 상대를 무시하고 자기 자신만을 잘났다고 내세우는 것을 말한다. 그렇다면 겸손이란 상대를 인정하고 다른 사람을 높여 세워주는 것이라 할 것이다. 세상의 존경을 받으려면 말과 행동이 겸손해야 한다. 존경은 차제하고라도 하나님 앞에 바로 서려면 겸손해야 한다는 것을 모르는 사람은 없다. 하나님은 교만한 사람을 제일 싫어하시니까. 그런데도 우리는 겸손하기보다는 잘난 것이 손톱만큼도 없으면서도 남 앞에서 우쭐대기를 좋아한다. 좀 예쁘다고, 좀 잘 생겼다고, 좀 안다고, 좀 돈이 있다고….

정저와라는 말이 있다. 다시 말해 '우물 안의 개구리'라는 말이다. 우물 안의 개구리는 자신 위에 있는 하늘만 볼 수 있기에 그 개구리는 자기가 보이는 작은 원이 모든 것이라고 확신한다. 어떻게 보면 우리는 개구리와 눈먼 사람을 한심하게 생각하겠지만 우리는 그보다 더 우매하지 않은지 생각해 보아야 한다. 사실 우리도 우물 안의 개구리처럼 우리가 보는 것만이 다인 것처럼, 시각장애인이 만진 코끼리가 다인 것처럼 생각할 때가 얼마나 많은가. 자신이 생각하는 것이 다인 양 우기고, 다른 사람의 의견을 무시하고 질책하고 하는 행위를 저지를 때가 너무도 많다.

가끔 회의할 때나 토론을 할 때, 자기주장이 너무 강해서 절대적인 문제가 아닌 상대적인 문제에서조차 자기주장을 굽히지 않는 사람을 보게 된다. 그것은 한 마디로 교만한 마음의 발로이고 큰 교만이다. 나만이 옳다는 생각을 버려야 한다. 내가 아는 것은 작은 우물 위에 하늘뿐이고 다른 사람이 아는 것은 내가 본 것 외의 모든 것이라는 생각을 할 수 있어야 한다. 다른 사람의 생각과 의견을 인정하고 존중할 때 참 겸손의 모습이 나온다. 결국 참 겸손은 다른 사람의 의견이 자신의 의견과 다를 때에 그 다름을 인정하면서 자신이 못 본 것들을 배우려고 하는 자세다. 그리고 겸손한 자는 하나님의 저울에 자기를 달아보고 하나님의 눈으로 자신을 볼 줄 아는 지혜로운 자이다. 진정 큰 사람, 즉 위대한 사람은 과장하거나 교만하거나 허세를 부리는 자가 아니라, 자기를 크게 생각하지 않는 겸손한 사람들이다. 그렇게 할 때, 존경도 따라온다. 겸손만이 존경을 더 하게 한다. 물질로나, 권력으로나, 교만으로는 가식적인 존경을 받을 수는 있어도 마음에서 우러나오는 존경은 받지 못함을 명심해야 한다. 또한 겸손하게 자기를 낮출 때 하나님과 가장 가까워질 수 있다는 사실도 깨달아야 한다.

우리 주위를 보면 잘하는 것이 아무것도 없는 것처럼 보이는 사람들이 있다. 그것은 교만한 마음으로 그를 판단하기 때문에 그렇게 보일 뿐이다. 어떤 아이는 공부는 반에서 꼴찌를 하더라도 노래를 잘 부르는가 하면, 운동은 좀 못하더라도 그림을 잘 그리기도 한다. 아니, 지금은 잘하는 것이 하나도 없는 것처럼 보여도 장차 큰일을 맡아 해낼 사람도 있다. 더더욱 우리가 겸손해야 함은 최고로 보이는 운동선수라도 막상 그 실력은 무서운 적이 앞에 나타났을 때 판결이 난다. 잘난 척을 해보았자 잠시 후면 들통이 나는데 미련한 사람은 그것을 들통이 날 때까지 교만하게 허세를 부리며 즐긴다.

실력이 없으면 말이 많다. 텅 빈 항아리가 더 요란한 소리를 내듯이 말이다. 말이 많다 보면 교만해질 수밖에 없다. 라이트 형제가 비행기를 제작하고 동력 비행에 성공했을 때, 한 연설은 우리에게 많은 생각을 하게 한다. "새 중에서 제일 수다스러운 앵무새는 나는 재주가 아주 서투릅니다. 잘 나는 새는 말하는 재주가 없지요. 이것으로 제 연설을 끝맺습니다."라고 했다고 한다.

　기독교의 제일 되는 덕목을 어거스틴은 첫째도 겸손, 둘째도 겸손, 셋째도 겸손이라고 했다. 그리고 성경을 읽다 보면 하나님께서 제일 싫어하는 것이 교만임을 깨닫게 된다. 하나님께서는 우리에게 달란트를 주셨다. 물론 그 크기엔 대소가 있지만 각자 받은 달란트를 잘 발견하고 잘 다듬고 키워서 하나님 안에서 귀하게 쓰이면 되는 것이다. 주님이 주셨다는 데에는 크고 작음은 결코 아무런 문제가 되지 않는다. 다만 주님께 받은 것을 감사하며 아무리 큰 것을 받았더라도 주신 분은 주님이시기에 겸손해야 한다.
　아무리 강조해도 지나치지 않은 말은 겸손이다. 겸손한 자를 하나님은 쓰신다고 했다. 하나님 마음에 합한 겸손함을 지닌 자가 될 것을 겸손히 다짐한다.

[20080125]

제3부

생각하며 느끼며

'사람 인(人)'자는 작대기 두 개가 서로 붙어서 지탱하는 모습을 보여주는 글자다. 어쩌면 그 붙어 있는 모습이 우리의 인생을 말해주는 듯하다. 혹자는 이 '사람 인(人)' 자의 모습이 나와 남이 서로 지지하고 돕는 사회적 존재 라는 의미를 담고 있다고 말한다.

하나님 아버지와 하나님 할아버지

사람들은 무슨 일을 갑자기 당할 때, 자신도 모르게 입에서 불쑥 외마디 소리가 튀어나온다. 그것은 비명과 같은 것으로 주로 "엄마!"라는 외마디다. 가끔은 아빠라고 하는 사람도 있기는 하지만 대부분 사람의 입에서는 제일 먼저 튀어나오는 소리는 엄마다. 다시 말해 이 말은 생각하고 하는 말이 아니고 무의식적으로 갑자기 튀어나오는 심중의 감탄사 같은 것이다.

그런데 좀 다른 외마디 소리도 있다. 그것은 다름 아닌 "에구, 주여." 혹은 "아버지."인데 그렇게 하는 사람들을 종종 본다. 그뿐 아니라 언제나 어디서나 하나님의 임재를 생각하며 '아버지' 혹은 '주여'라는 말을 조용히 입에 담고 사는 사람도 있다. 남편 목사도 예외는 아니다. 아니 남편은 어릴 때부터 돌아가신 어머님의 모습을 통해 배운 듯 자주 아버지를 찾으며 하나님을 묵상하곤 했다.

나의 딸이 아주 어렸을 때의 일이다. 그날도 남편은 조용히 그러나 애절하게 "아버지"를 불렀다. 그런데 그때 내 딸이 그런 자기 아빠의 모습을 자못 진지하게 그리고 찬찬히 바라보았다. 그리고는 갑자기 남편과 같은 모습으로 긴 한숨을 내 쉬면서 아주 애절하게 "할아버지"라고 하는 것이었다. 그 모습은 평소 자신의 할아버지를 찾는 모습과는 너무도 다른 모습이었기에 이상하여 갑자기 할아버지가 그렇게 보고 싶으냐고 물었다. 그랬더니 내 딸은 상상을 불허한 기상천외 한 말을 하였다.

딸의 말은 이러했다. 아빠가 힘들 때나 설교 준비하실 때나 언제든지 자주 아버지를 부르는데 자기도 그렇게 불러보고 싶었다는 것이다. 늘 때를 얻든지 못 얻든지 자주 아버지를 부르는 자기 아빠 모습이 딸 마음에 합했고 또 좋아 보였던 것임이 틀림없다. 그런데 아빠의 아버지는 자기에게는 할아버지가 되니까 할아버지를 불렀다는 것이다. 결국 우리 부부는 박장대소하고 말았다. 사실, 맞는 말이지 않은가? 딸이 볼 때, 자기 아빠에게 아버지는 자기에게는 할아버지니까. 우리는 함께 웃었고 그런 생각을 하고 그렇게 말한 내 딸의 신중한 모습에 행복했다.

그런데 가만 생각해 보니 딸은 자기 자신도 모르게 할아버지 같은 하나님을 그리고 있었던 것이었다. 그도 그럴 것이 나의 딸이 외할아버지로부터 너무도 큰 사랑을 받고 있었기 때문이다. 내 아버지에게는 내 딸이 첫 손자였다. 그렇지 않아도 손자는 무조건 예쁘다던데 맏딸이 낳은 첫 손자였으니 사랑과 관심이 얼마나 컸겠는가? 그런 사랑을 받은 딸은 사랑의 하나님을 할아버지라고 칭하기에 조금도 주저하지 않았다. 하나님의 사랑은 자기 할아버지의 사랑과 비교할 수도 없지만 말이다.

어쩌면 나의 딸은 아버지보다 할아버지의 사랑을 더 크고 좋게 느끼고 있었는지도 모른다. 그러니 하나님을 아버지라 부르기보다는 할아버지로 부르는 것이 어디로 보나 너무도 당연하고 더 자연스럽고 쉽지 않았을까?

우리가 습관적으로 하는 말은 모두 잠재의식에 저장되다가 우리의 행동을 지배한다고 한다. 성경에는 입에서 나오는 말에 대해 여러 각도로 참 많이 다루고 있다. 무엇보다도 우리가 무심코 뱉는 말도 하나님 앞에 모두가 쌓인다는 사실을 생각하면 조심해야 함을 느낀다. 일반적인 상황에서 한 말이 그렇다면 급했을 때 불쑥 튀어나오는 외마디 말은 어떠한가?

평소에 믿음이 좋은 사람이 급한 일을 당하면 대체로 "에구 주여." 혹은 "아버지."라는 말이 나오기 마련이다. 입으로 하나님을 자주 찾는다고 잘 믿는 것은 아니라고 할지 모른다. 그러나 의식적이든 무의식적이든 '하나님 아버지'라는 단어가 입에서 자주 튀어나온다면 늘 하나님을 생각하고 갈망하는 사람임엔 틀림없을 것이다.

무엇인가를 생각할 겨를도 없이 튀어나오는 외마디는 평소 그 사람의 마음과 생각을 보여준다고 해도 과언이 아니다. 가식을 섞을 단 일 초의 순간도 허용되지 않기 때문이다. 그렇기에 적나라하게 그 사람의 평소 모습을 그대로 보게 하는 거울이 순간의 외마디다. 비록 외마디일망정 삶 속에서 형성된 마음 상태에 따라 각기 다르게 나타난다. 평소의 삶과 생각이 추하거나 상스러웠다면 그 사람의 외마디 말도 추하고 상스러울 것이고, 그의 삶이 온유하고 고상하다면 그 사람의 외마디 말 역시 부드럽고 고상할 것이다. 이처럼 평소에 하는 말이 그 사람의 인격을 보여주는 것이지만 그보다는 생각지도 못한 상황 속에서 갑작스럽게 튀어나오는 말이 더 그 사람의 인격을 보여주는 거울이다. 의식적인 행동보다는 무의식에서의 행동이 그 사람의 진가를 보여주는 것이기 때문이다.

누가 지어낸 유머라고 하기엔 생각할 것이 많은 이야기가 있다. 예수 잘 믿는 것처럼 보이는 할머니가 있었는데, 이 할머니는 언제나 누구를 보든지 그저 '감사합니다'라는 말을 늘 했다고 한다. 그래서 붙은 별명이 '감사 할머니'였다. 어느 집에 우환이 생겨도, 심지어는 사람이 죽었을 때도 "감사합니다."라고 했다는 것이다. 그러던 어느 날, 저녁 예배를 마치고 집으로 돌아가는 길에 요란한 사이렌 소리와 함께 달리는 소방차를 보았다. 이 할머니는 혹시나 '내 집이…?' 라는 생각 속에 빠른 걸음으로 집으로 향했는데 정말 자신의 집에 불이 난 것이었다. 평소대로라면 이 할머니는 '감사합니다'라고 했어야 맞다. 그런데 그 할머니는 성경 찬송이 든 가방을 땅바닥에 내동댕이치며 털썩 주저앉아 "에구, 망했네. 나미아불타불."이라고 했다는 것이다.

  정말 이 할머니가 믿음이 좋은 사람이었을까? 믿음이 좋았다면 "감사합니다."라는 말은 아니더라도 "에구, 주여." 라든지 "에구 아버지."라는 말을 하지 않았을까?

  언제 어떤 상황 속에서든지 나도 모르게 튀어나올 외마디를 제어할 능력은 우리에게는 없다. 다만 예수 그리스도를 내 안에 모시고 그분을 늘 생각하고 산다면 내 생각과 말을 주장해 주실 것이다. "아버지 하나님!" "할아버지 하나님!"

[20180411]

엄마와 기도

    코로나로 온 세계가 떠들썩해도 시간은 아무 관계없다는 듯 흘러 5월이 우리 곁에 왔다. 5월은 전적으로 가정을 생각게 하는 달이라 해도 지나치지 않는다. 부모는 자녀를, 자녀는 부모를 그리고 부부는 자신의 배우자를 다시 한 번 생각하는 감사와 은혜의 달이다.

    해마다 이때가 되면 자녀로서 부모님께 잘못한 생각과 함께, 부모로서 자녀에게 잘못한 생각이 떠오른다. 더욱이 먼저 하늘 나라로 가신 부모가 있는 자녀라면 살아계셨을 때 다하지 못한 불효 때문에 더욱 가슴이 아프다. 나 역시 8년 전에 천국으로 이사 가신 엄마가 5월이 되니 더욱 보고 싶어진다. 무엇보다 내 엄마의 기도가 더욱 그립다. 나의 엄마는 조용히 기도하시는 분이셨다.

    친정집에 다니러 갔던 어느 날이었다. 벨을 누르니 아버지께서 문을 열어 주셨다. 현관에 들어서는데 엄마는 보이질 않고 아버지께서 조용히 할 것을 은연중에 보이신다. 누가 있는 것도 아니고 한가한 시간에 조용히 해야 할 이유는 오직 한 가지뿐이었다. 그것은 엄마가 기도 중에 계신다는 암시였다. 아니나 다를까 작은 방의 문이 굳게 닫혀 있었다. 엄마가 나오시기를 기다리며 거실에서 아버지와 조용한 대화를 나누었다. 얼마의 시간이 지났을까? 방문이 열리며 엄마가 나오셨다. 그리고는 나를 보고 깜짝 놀라셨다. 미리 간다고 말하지 않고 갑자기 찾아온 딸의 방문이었기에 적이 놀라셨던 것 같다. 아무리 방문을 꽉 닫았다 해도 말의 내용은 아니더라도 사람 소리가 들렸을 것이고, 또 거실에서 조용히 말을 한다 해도 뭔가 인기척을 느끼셨을 텐데 기도 삼매경 속에 하나님과 깊은 교제에 빠져 계셨기에 전혀 모르셨을 뿐만 아니라 느낌조차도 없으신 것이었다.

날마다 새벽기도를 하시는데 아침에 집안일을 마치고는 또 골방 기도를 2~3시간씩 하시는 엄마가 너무도 멋있고 은혜롭게 보였다. 더욱 부러운 점은 밖에서 떠드는 소리를 하나도 못 들으실 정도로 하나님과 깊은 교제를 하셨다는 점이다. 이렇게 주님과 멋진 교제를 하는 엄마가 계시기에 든든했다.

어릴 때 우리 가족은 날마다 가정예배를 드렸다. 아버지는 회사 일로 늦은 시간에 귀가하셨기에 우리 가정예배에 종종 빠지셨지만, 엄마의 적극적인 노력으로 늘 가정 제단을 쌓았다.

저녁을 먹고 나면 주일을 제외한 모든 날에 아버지를 뺀 5명의 식구가 둘러앉아 예배를 드렸다. 예배 인도는 늘 엄마의 몫이었다. 순서에 맞추어 찬송을 부르고, 성경은 돌아가면서 읽었고 기도는 우리 자녀들에게 시키기도 했지만, 마무리 기도는 늘 엄마가 해 주셨다. 자녀들의 이름을 하나하나 불러가면서 우리 형제들의 성격이나 현재 상황이나 특징에 맞는 기도였다. 엄마의 기도는 마치 자녀 한 사람만 놓고 하는 것처럼 하셨다. 그렇게 네 명을 위해 하시려니 자연 기도가 길어질 수밖에 없었다. 우리 형제가 어린 시절에는 엄마의 간절한 마음을 잘 이해하지 못하고 조금 긴 기도가 그저 지루하게만 느껴지기도 했다.

그런데 한 명 한 명 네 명의 자녀를 위해 드리는 기도 속에 사남매의 공통적인 내용이 있었다. 그것은 하나님의 자녀로서 안 믿는 자에게 본이 되게 해 달라는 내용과 함께 지혜를 구하는 기도였다. 특히 지혜를 구할 때는 그냥 지혜를 달라는 기도가 아닌 반드시 '솔로몬에게 주셨던 지혜'를 달라고 하셨다. 이 내용 역시 사남매를 한데 묶어서 하지 않으시고 한 명 한 명 이름을 넣으시며 따로따로 하셨다. 나의 엄마는 당신이 기도하신 것처럼 늘 당신의 자녀들이 이 땅에서 하나님 자녀의 본분을 잘 지킬 것과 지혜롭게 살기를 원하셨고 그것이 가정예배 때마다 간절한 기도 제목이었다.

현재 우리 사남매가 이렇게 주의 자녀로 있는 곳에서 믿음 지켜 사는 것은 엄마의 간절한 기도 응답이라고 확신한다. 그런 엄마의 지극한 소원은 어릴 때는 물론 성장하면서 하나씩 이루어져 갔다. 그도 그럴 것이 사남매 중 둘이 목양지에서 담임목사로, 그리고 한 명은 사역자의 아내로, 막내는 봉사 많이 하는 집사로 살고 있으니까 말이다.

엄마의 장례식 날, 얼굴도 모르는 몇몇 조문객이 자녀인 우리보다 더 서럽고 안타깝게 울고 있었다. 나는 그들이 누구인지 몰랐으나 그분들이 자진해서 내게 말을 걸어왔다. 그리고 하는 말이 자신들을 위해 나의 엄마가 기도를 많이 해 주셨다는 것이다. 나의 엄마가 자기들의 영적 어머니였다고 한다. 이제는 권사님이 하늘나라로 가셨으니 자기들을 위해 기도해 줄 사람이 없는 것이 안타깝다고 하면서 이런 분을 엄마로 둔 우리 사남매가 얼마나 부러운지 모른다고 흐느꼈다. 이처럼 엄마의 기도 속에는 많은 사람이 들어 있었다. 그때 나는 엄마가 기도를 오래 하는 이유를 확실히 알았다. 그렇게 많은 사람을 위해 기도를 해야 했니 시간이 많이 필요한 것은 당연한 일이다. 기도하는 엄마 덕분에 그분들에게 큰 감사의 인사를 엄마를 대신해 받고 그런 엄마를 둔 것에 부러움을 샀다.

지금 생각해 보니 친척이나 지인들이 집안의 일이 생기거나 기도할 일이 있으면 언제든지 나의 엄마를 찾았다. 우리 사남매 역시 지금도 엄마의 기도 덕으로 살아가고 있다. 살아 계신다면 우리 형제들에게 믿음의 든든한 버팀목으로 계실 엄마가 생각난다. 친정에 방문했을 때, 벨 소리도 듣지 못하시고 골방 기도하시던 엄마의 모습이 새삼 떠오른다.

지금은 주님 곁에서 우리를 위해 기도하고 계실 엄마가 보고프다. 아니, 그 기도 소리가 들리는 듯하다. 비록 작은 체구의 엄마셨지만 믿음의 거인이요, 기도의 장군이신 엄마가 5월이 되면 눈물 나게 그립고 또 그립다.

[20200506]

산타크로스 유감

올해도 어김없이 12월이 왔다. 이렇게 한 해를 다 보내며 마지막으로 맞는 달이기에 일 년 열두 달 중 가장 아쉽고 미안한 마음이 드는 달이 12월이다. 그러나 12월엔 내가 세상에서 가장 좋아하는, 내 생일보다 더 좋아하고 기다리는 크리스마스가 들어 있기에 조금은 섭섭한 마음을 달랠 수 있다. 올해도 나는 소박한 성탄 트리를 거실에 세우고 깜박이는 불빛을 바라보며 혼탁하기만한 이 세상에 다시 오실 예수님 생각에 잠긴다.

성탄! 하면 이상스러우리만큼 어릴 적의 성탄이 떠오른다. 성탄은 추억의 날인가보다. 그것도 내가 기억할 수 있는 수십 년 동안 맞았던 성탄이 순서도 없이 떠오른다.

아주 어린 시절엔 성탄이 무슨 날인지는 알았지만 사실 예수님보다 산타 할아버지를 더 기다렸다. 산타는 나에게 언제나 내가 가장 원하던 그것을 선물해 주었기 때문이다.

지금도 생각난다. 어느 해인가에는 아침에 눈을 떴을 때 내 머리맡에는 그렇게 갖고 싶어 했던 스케이트가 빨리 자기를 봐 달라는 듯이 놓여 있었다. 또 어느 해에는 눈보다 더 흰 털 구두가, 또 어느 해에는 너무도 예쁜 인형이, 그리고 어느 해에는 예쁜 스웨터가 놓여 있었다. 어쩌면 산타 할아버지는 내가 필요로 하는 것을 그렇게도 잘 알고 가져다주시는지 세상에서 내 소원을 가장 잘 아는 분이 산타할아버지라고 여겼었다.

그렇게 좋은 산타를 직접 만나고 싶어 성탄 전야가 되면 산타를 만나기 위해 졸린 눈을 비비며 안 자려고 안간힘을 쓰기도 했다. 그런데 오는 잠은 어쩔 수가 없었다. 졸리면 자라고 말씀하시는 엄마에게 안 잘 것이라고 하면서 만약에 내가 잠이 들었을 때 산타가 오면 깨어달라는 간곡한 부탁까지 하고 잠시 눈을 붙였다. 그런데 번번이 눈을 떠보면 캄캄한 밤이 아닌 해가 훤히 떠오르는 아침이었다. 오직 일 년에 한 번뿐인 귀한 날인데 안 자려고 몸부림을 쳤지만 잠을 이기지 못했던 자신을 꾸짖고 깨워주지 않은 엄마를 원망하며 울기도 하였다. 엄마는 깨웠는데 못 일어났다고 말씀하셨지만 잠은 내가 자 놓고는 애꿎은 엄마를 괴롭혔다.

사실 성탄에 산타를 만난 적은 거의 없었다. 왜 그렇게도 기다리고 기다리건만 내가 깨어있을 때는 오지 않고 잠이 오는 것을 참다 참다 잠시 눈을 붙인 그 시간에 산타는 다녀가는 것인지 야속하기 그지없었다. 그리고 산타는 왜 꼭 일 년에 한 번, 성탄절에만 오시는지 일 년에 한 번만이 아닌 몇 번 더 오면 좋으련만 밤이 긴 겨울에 꼭 한 번만 오는 것인지 그것도 안타까웠다. 그러나 비록 산타를 만나지는 못했어도 선물을 놓고 갔기에 투정이나 후회도 잠시뿐 금방 즐거운 마음이 되었다.

한 번도 거르지 않고 산타는 꼭 내가 갖고 싶은 바로 그것을 선물했다. 그래서 산타할아버지가 나의 부모님보다 더 내 필요를 아는 분이라고 생각하기도 했다. 지금 생각하면 웃음이 난다.

언제부터인지는 몰라도 이렇게 좋은 산타가 다름 아닌 나의 부모님이라는 사실을 알게 되었다. 그러면서 성탄의 행복과 감격은 조금씩 깨지기 시작했다. '그러면 그렇지. 나와 함께 살지도 않고 나와 대화도 한번 한 적이 없는 산타가 어떻게 나의 필요와 나의 소망을 알아서 그렇게도 꼭 맞는 선물을 가져다주었겠어? 그것은 나의 부모님이니까 그렇게 내 맘에 꼭 드는 것을 주신 것이지'라고 생각하며 산타에 대한 신비감은 물론 내 의문점이 다 풀려 버렸다.

그런데 문제는 여기에 있었다. 차라리 산타는 정말 있는 것이라고 억지로라도 생각하는 편이 나았는지도 모른다. 산타의 허구를 알고 나서부터는 선물은 줄어들거나 아예 없기도 했다. 그것은 내가 산타가 부모님이라는 사실을 안다고 생각한 부모님은 필요한 물건을 굳이 지난 그런 방법으로 자녀에게 줄 필요가 없다고 생각하셨던 것 같고, 또 선물을 받는 데 별로 흥미를 느끼지 않는 우리 모습에 재미가 없었던 것 같다. 그 후 나는 산타는 있다고 우겼으나 부모님은 그저 웃기만 하실 뿐이었다.

그리고 세월이 흘렀다. 나의 딸도 성탄이 되면 나 어릴 때와 똑같이 산타를 기다렸다. 나도 나의 부모님처럼 딸이 필요로 하는 것을 사두었다가 산타가 주었다고 하면서 주었다. 아니, 어떤 해에는 교회 장로님께서 산타 복장을 하시고 친히 사택을 방문하셨다. 나의 딸이 만으로 4살 때였다. 산타를 직접 본 내 딸은 너무도 놀라고 감격스러워서 웃지도 못하고 얼굴이 사색이 되어 어쩔 줄 몰라 했다. 잘못하다간 아이가 까무러칠까 걱정이 될 정도였다. 그리고 산타가 돌아가고 나서 딸아이는 밤에 한숨도 못 잤다. 선물도 선물이려니와 자기가 산타를 만났다는 감격에 계속 산타 이야기만 하면서 말이다.

나의 딸은 좀 늦은 나이에 산타가 부모라는 사실을 알았다. 그러나 자신이 아는 것을 내게 숨겼다. 딸의 마음도 자기가 산타의 존재를 알고 있음을 부모가 알면 자기에게 유익하기보다는 유익하지 않다고 생각했던 것 같다. 성탄전야에 산타를 기다리려 하지도 않는다. 그리고는 능청스럽게 성탄절이 다가오자 자기가 가지고 싶은 것을 주문하고는 자러 가는 것이었다.

"엄마, 산타할아버지에게 이런 것 가져다 달라고 말해주세요. 저는 피곤해서 잘 거예요."

[20171214]

어느 부활절의 추억

　봄기운이 점점 더 짙어져 가고 낮이 길어짐은 춘분이 가까웠다는 신호다. 춘분이 지나면 가장 먼저 우리에게 찾아오는 명절은 부활절이다. 부활절은 춘분이 지난 첫 보름달이 뜬 후의 주일이니까 부활절은 춘분과 가장 가까운 날이다.
　이 부활절은 예수 그리스도께서 인류의 죄를 대속하기 위해 십자가를 지시고 죽으셨지만 사망 권세를 이기시고 3일 만에 다시 사신 날로서 인류에게 가장 큰 기쁨의 날이다. 이날은 기나긴 겨울의 추위를 견디고 마른 나무에 새싹이 돋듯 사순절의 고난과 아픔과 사망을 지나 새 생명이 시작되는 날이다. 그렇기에 최고의 최대의 기쁨의 날이다

　부활절 하면 특별히 생각나는 부활절이 있다. 대학교 1학년 때로 기억된다.
　어린 시절, 부활절이 되면 부모님과 함께 교회에서 새벽예배

를 드렸다. 졸린 눈을 비비고 교회에서 부활절 예배를 드렸지만 많은 성도가 모여 드리는 여의도에서의 새벽 연합예배에 너무도 가고 싶었다. 수많은 성도가 함께 모여 드리는 예배이기에 그곳엔 성도들만 있으니 천국일 것 같고 많은 사람이 함께 부활 찬송을 부른다면 그곳이 예수님께서 부활하신 그곳일 것만 같았다. 이런 상상만으로 행복했기 때문이다. 또한 부활절은 기독교의 가장 큰 명절이기에 이 부활절 연합새벽예배는 일반 TV 뉴스에서도 관심을 가지고 방영되었다. 그렇기에 이 예배는 나의 호기심을 자극하기에 충분했다. 그래서 부모님을 졸랐다. 부모님은 좀 더 크면 가라고 하셨다. 그래서 대학생이 되면 반드시 그리던 그 새벽 연합예배에 가리라 기대하고 있었다.

드디어 대학생이 되고 첫 번째 부활절이 되었다. 설레는 마음으로 그렇게 그리던 부활절 연합새벽예배에 가기 위해 일찍 깨워 달라고 당부하고 잠자리에 들었다. 그러나 깨워줄 때까지 기다리지 못하고 아주 이른 시간에 스스로 일어나고 말았다. 꼭 가야겠다는 자신과의 약속으로 인한 중압감과 흥분된 마음이 나를 들뜨게 하여 깊은 잠을 못 잤다. 당시에는 통행금지가 시행되던 시대라 통금이 해제된 후, 첫 버스를 타야만 늦지 않게 예배에 참석할 수 있으므로 떠지지 않는 눈을 비비며 서둘러서 준비하고 집을 나섰다.

지금처럼 자가용이 흔하지도 않았고 전철도 없던 시절, 대중교

통으로는 버스만이 유일한 교통수단이었다. 주일 새벽이라 버스 안은 직장이나 학교에 가는 사람은 하나도 없고 온통 부활절 예배에 가는 사람들뿐이었다. 밖은 아직 해가 뜨기 전이라 어두웠지만, 버스 안의 사람들의 얼굴은 모두 다 기쁨의 밝은 얼굴이었다. 마치 부활하신 예수님을 만나러 무덤에 왔던 여인들처럼.

여의도에 도착하니 서울 곳곳에서 수많은 성도가 부활의 주님을 직접 만나기라도 할 것처럼 미소 띤 모습으로 모여들기 시작했다. 흰 치마저고리를 입은 여인들도 많았다. 나도 거기에 한 가족이 되어 그 냉기 오르는 아스팔트 바닥에 앉아 부활절 예배를 드렸다.

어둠이 점점 사라져가고 공기는 차가운데 그 많은 성도가 입을 모아 "원수를 다 이기고 무덤에서 살아나셨네."를 주악에 맞추어 부를 때의 그 환희는 지금도 잊을 수가 없다. 마치 천국의 노래같이 은혜가 넘쳐 기쁨이 충만했다.

그냥 그곳에서 그렇게 찬양하고 말씀 듣고 기도하다가 주님을 만나고 싶은 마음이었다. 어디선가 부활하신 주님이 오실 것만 같았다. 거기서 그렇게 주님을 만난다면 그것보다 더 행복할 수는 없을 것 같았다.

그런데 문제는 예배를 마치고 집으로 돌아오는 길이었다. 수많은 인파가 동시에 쏟아져 나오니 버스는 그야말로 콩나물시루였다. 그리고 몸은 추위에 금방이라도 얼어버릴 것만 같았다. 아무리 봄이라 해도 옷 속으로 스미는 추위는 어쩌면 겨울 추위와는 또 다른 추위였다. 게다가 밖에서 서너 시간을 떨고 있었고, 해가 막 뜨려고 하는 하루 중 기온이 가장 낮은 시간이라 파고드는 냉기는 몸을 움츠러들게 했다. 예배를 마쳤으니 긴장도 풀리고 밤잠도 거의 못 잔 상태라 몸이 정말 말이 아니었다. 그나마 많은 사람이 버스에 있어 그 체온들로 인해 추위는 조금 덜해졌다. 그러나 피곤이 점점 더 나를 사로잡았다.

집에 도착하니 날은 이미 훤히 밝았다. 따뜻한 방에 몸을 눕히고 추위도 녹이고 잠깐이라도 자고 싶었으나 교회학교 예배 시간이 다가오고 있어 준비하고 교회로 나섰다. 부활절 새벽예배 다녀왔다고 교사가 지각하거나 결석을 할 수는 없었다. 그것도 기독교의 가장 큰 명절인 부활주일 아침에.

교회학교 예배를 마치고, 교사 회의를 하고, 성가 연습을 하고 주일 대 예배에 앉으니 졸음이 막 쏟아지고 몸은 잦아졌다. 어떻게 예배를 드렸는지 모를 만큼 진짜 부활주일 대 예배는 얼떨결에 드리고 말았다. 온종일 내가 몸 안에 있는지 몸 밖에 있는지 모를 정도로 비몽사몽 속에 부활절을 보내었다.

그해 부활절은 어쩌면 그 새벽 연합예배에 참석한 것으로 만족할 뿐이었다. 어릴 때부터 그렇게도 그리던 새벽 연합예배는 그날의 경험으로 족하게 여기고 다음 해부터는 부활절 연합예배는 가지 않고 본 교회에서 드리는 부활절 새벽예배로 대신했다.

20살 때 부활절의 추억이다. 그 시절을 생각하니 나름 진지하게 갈망하던 내 모습이 보여 행복한 미소가 입가에 번진다. 그때는 그런 열정이 있었다. 지금은 그런 열정은 어디론가 사라지고 추억만을 더듬고 있는 내가 보여 안타까운 마음이다.

이제는 연합예배를 드려도 그때처럼 그렇게 많은 인파가 몰려오지 않는다. 아니 자동차의 물결이 사람보다 더 많아 그렇게 모이기도 힘든 현실이 되었다. 또한 TV를 통하여서 예배를 드리려는 성도들도 많으니 참으로 편리한 시대가 되었다. 편리하기에 도리어 더 잘 믿어야 하는데 그런 것 같지 않아 하나님께 참으로 송구하기만 하다. 말세가 가까워져 올수록 모이기를 폐한다는 말이 실감 난다. 폐하려 하지 않아도 문명의 이기로 인해 저절로 폐해지고 있는 것만 같아 마음이 아프다.

올해도 사순절을 보내고 또다시 부활절을 맞는다. 그날에 맞았던 황홀했던 그 감격과 행복은 없지만, 이번 부활절에는 그날에 부활하신 주님을 만난 그 여인들처럼 주님을 만나고 싶다.

[20180327]

그때 그 시절 그 추억

"흰 구름 뭉게뭉게 피는 하늘에 아침 해 명랑하게 솟아오른다. …"

이것은 교회마다 여름이면 연중행사처럼 시행하는 여름성경학교 교가 1절의 첫 소절이다.

지금은 여름방학을 이야기할라치면 부모님들과의 여행, 그것도 해외여행을 계획하기도 하고, 피서라는 말을 공공연히 하지만 60년대의 내 어릴 적에는 여름방학 하면 계곡 물놀이나 시골 친척 집 방문 등을 이야기하는 것이 전부였다. 그러나 내게는 여름 하면 가장 먼저 떠오르는 것은 일명 하기학교라는 이름의 여름성경학교였다. 여름을 유독 싫어하는 내가 그나마 여름을 견딜 수 있었던 것은 바로 여름성경학교 덕분이었다.

당시에는 여름방학은 으레 7월 25일부터 시작해서 9월 1일에 개학하는 것이 전통이었다. 학교는 덥다고 방학을 하는데 교회에서는 방학식을 한 바로 그 주일부터 한 주간 동안 여름성경학교를 열었다. 지금처럼 3~4일 동안이 아닌 주일부터 시작해서 토요일까지 한 주간 동안 했었다. 선생님들은 한 해의 한 번뿐인 소중한 휴가를 이 시기에 맞추고 성경학교에 투자할 정도로 열의가 대단하였다.

내 기억 속에 있는 성경학교는 일 년 중 가장 소중하고 귀한 날들이었다. 그 프로그램 역시 다양하였다. 성경 말씀 속에 있는 인물들에 대해 자세히 배우고 또 배운 것을 그림으로 그리기도 하였다. 무엇보다 재미있던 것은 선생님들의 릴레이 동화였다. 여러 선생님이 배턴을 이어가며 해 주시던 동화는 다 맞추어보면 앞뒤가 맞지 않은 이야기도 있었다. 그러나 선생님들의 재치 있는 구연법으로 시간 가는 줄 모르고, 어쩌면 조금은 엉터리 같은 동화에 귀를 쫑긋 세우고 듣던 기억이 생생하다.

성경학교에서 성경 암송대회 등을 통한 성경 상식은 물론 많은 노래를 배우고, 또 배운 것으로 노래자랑도 하고, 레크리에이션도 하고, 퀴즈대회도 하고, 그리고 성경학교 마지막 날인 토요일 오후엔 언제나 환등기를 통해 재미있는 성경 이야기를 그림으로 보며 즐거워했다. 그리고 성경학교가 끝난 그 주일엔 한 주간 동안의 활동한 것들을 모아 평가한 것에 대한 시상식이 있었다. 언제나 그렇듯이 그 시상식에서 받은 상품은 주로 학용품들이었는데 그것은 다음 학기를 위한 귀중한 보물이었다.

이렇듯 여름성경학교는 성경 지식의 산실이요, 미술, 음악, 체육 등 예능교육의 장이요, 오락과 놀이의 동산이었다. 그리고 그렇게 즐거운 시간을 잘 보내고 나면 많은 선물까지 한 보따리 생기는 성경학교는 나에게 일거양득이 아닌 나의 필요를 충분히 채워주고도 남는 즐겁고 행복한 기간이었다.

그렇기에 성경학교가 끝날 무렵이 되면 내 마음은 안타까움과 아쉬움에 견딜 수 없을 정도로 힘들었다. 시간 가는 것이 어찌나 싫었는지 가는 시간이 야속하여 눈물을 흘리기도 했다. 성경학교를 끝내지 말고 계속해서 했으면 하는 마음이었다. 지금도 나는 여름성경학교 교가를 잊지 않고 기억하고 있다. 그것도 3절이나 되는데 3절 모두를 기억하며 흥얼거리기도 한다.

그때는 너무도 열악한 환경이었다. 지금처럼 에어컨이 있지도 않았고, 그나마 선풍기가 있는 교회는 부유한 교회였다. 환등기도 빌려 오는 데 그리 만만치 않았다. 모든 것이 불편하였으나 불편한 줄 몰랐다.

내가 자라서 교사를 하던 그 시절도 내가 자라던 때와 별다르지 않았다. 그러나 지금 세대는 너무 많이 달라졌다. 내가 어린 시절엔 환등기를 보여준다는 광고만 나가면 그날 교회는 발 디딜 틈 없이 초만원을 이루었다. 아마도 지금 세대에 환등기를 보여준다면 아이들은 코웃음을 칠 것이다. 집집마다 호화스러운 TV가 있고 각종 영상을 볼 수 있는 핸드폰을 각자 가지고 있는 시대니까 말이다.

교회가 모든 문화를 앞서갔던 나 어릴 때 그 시절엔 세상에서 맛볼 수 없는 것들을 교회에서 가르치고 시행하기도 했다. 교회에서 배운 것을 학교에 가서 아이들에게 이야기해 주면 많은 친구가 부러워했고, 나는 신났던 기억이 있다.

세상 문화가 너무도 발달하여 재미있는 것이 너무도 많아 아이들이 나 어릴 때처럼 성경학교를 갈망하지 않으니 동원하기도 힘들다. 자연히 무더위와도 싸우며 가르치는 교사들의 사기는 떨어지고 보람도 못 느껴 교사를 그만두려 하는 교사도 보았다. 내가 교사를 할 그 시절을 돌아보면 성경학교를 마치고 나면 온몸은 힘들어 만신창이가 되어도 보람과 함께 뿌듯함으로 피곤을 잊기도 했다. 가르치면서 배우는 것도 많았다. 아이들의 마음을 이해할 수 있었고, 또 어떻게 처신하는 것이 유익한 것인지도 배웠다. 그리고 성경에 대한 지식도 은근 많이 생겼다. 올해는 코로나19로 인해 여름성경학교의 형태가 어떻게 달라질지 모르겠다.

다시 그 시절로 돌아가고픈 마음이다. 그 시절이 그립다. 그리워도 아주 매우 그립다. 오늘처럼 몹시 무더운 날은 내가 경험했던 여름성경학교가 주마등처럼 스친다. 내 입에서는 자연스레 그 교가가 흘러나온다.

"흰 구름 뭉게뭉게 피는 하늘에 아침 해 명랑하게 솟아오른다. 손에 손을 마주 잡은 우리 어린이 발걸음 가벼웁게 찾아가는 집. 즐거운 여름학교 하나님의 집 아 아 아 진리의 성경 말씀 배우러 가자!"

[20200706]

올해도 성탄을 기다립니다

내 기억 속에 확실히 자리하고 있는 만화 하나가 있다. 그것은 1980년대 초, 일간신문 사회면 상단에 실렸던 4단짜리 시사만화다. 그 내용인즉 '어려서는 아버지를 기다리고, 젊어서는 남편을 기다리고, 늙어서는 자식을 기다린다'라는 내용으로 일생을 기다림 속에 사는 여인을 그린 것이다. 그러나 생각해 보면 어디 기다림이라는 것이 여인에게만 해당하는 것일까? 인생 자체가 기다림 속에서 살아가는 것은 아닐까?

인생이라는 것이 기다림의 연속이라는 생각이 든다. 추울 때는 따뜻할 때를 기다리고, 힘들면 좀 편할 때를 기다리는 것처럼 삶 속의 모든 부분이 기다림이다.

인생에는 큰 기다림도 있지만 작은 기다림도 있다. 삶의 방향을 정해 주는 큰 기다림도, 소소한 즐거움과 행복을 주는 생활 속에서의 자주 접하는 작은 기다림도 모두가 기대되는 기다림이다. 아침에 출근한 아빠를 기다리는 어린아이의 기다림, 입학시험이나 입사 시험을 치고 합격자 발표를 기다리는 기다림, 혹 집을 나간 자녀가 돌아오기를 기다리는 기다림, 아픈 가족이 빨리 낫기를 기다리는 기다림 등 대소의 차이는 있겠지만 인생은 기다림이다.

어린 시절에 기다림은 성인이 된 지금보다 더 많았고 더 컸다. 불확실한 미래에 대한 희망으로의 기다림도 있었고, 빨리 어른이 되고픈 기다림도 있었다. 막연하게라도 보다 나은 미래를 기다리고, 별로 달라질 것 없는 내일이라는 것에 속아 내일 내일 하며 달라질 내일을 기다린다. 그러나 때로는 그 기대했던 내일은 영원히 경험하지 못할 그림의 떡으로 존재함을 경험하기도 한다. 이처럼 기다림은 우리에게 희망을 주지만 정작 기다림이 이루어진 시점에 오면 또 다른 허무감과 후회만이 남는 것을 수없이 경험하며 살아간다. 결국엔 실망을 주는 기다림이라 해도 이 기다림이 없는 인생은 참으로 삭막할 것이다. 그렇기에 우리는 기다림 속에서 태어나 기다림 속에서 살다가 기다림 속으로 사라지는 인생으로 살고 있다.

기다림은 기대요, 희망이다. 어느 책의 제목처럼 기다림은 희망이었다. 비록 이루어지지 않은, 지금은 손가락 사이로 다 빠져나가 버려 빈손을 움켜쥐고 있다 하더라도 어린 시절의 기다림은 꿈이었고, 비전이었다. 그렇다면 우리의 가장 큰 소망은 무엇인가? 무엇이 가장 큰 기다림일까?

해마다 12월이 되면 온 인류가 같은 마음으로 기다리는 날이 있다. 바로 성탄절이다. 누구나 한 해가 스러져 가는 이맘때가 되면 한 해를 어찌 살았든 지나간 한 해를 돌아보게 된다. 살아온 삶을 뒤돌아보며 가볍게라도 반성해 보고 새로운 마음으로 다짐한다. 또 별로 달라질 것 없는 다음 한 해를 기다리는 것은 이 땅을 살아가는 사람들에게 연중행사인지도 모른다. 이러한 때에 성탄절이 끼어 있어 기다림의 기대는 더욱 커진다. 복잡하고 암울한 한 해의 끝자락에 기다릴 성탄절이 있음은 분명 소망이고 기쁨이다.

올해도 나는 성탄절을 기다린다. 올해도 예수님은 오시지 않아 2000여 년 전에 인류의 죄를 대속하기 위해 친히 낮아지셔서 인간의 몸을 입고 오신 아기 예수가 탄생한 그 날을 기다린다. 온갖 죄악이 난무하는 이 땅에 아기 예수로 오셔야만 했던 주님을 기다린다. 소망이 없다고 이구동성으로 말하는 어지러움 속에서 한 가닥 희망의 빛줄기를 바라듯 성탄을 기다린다. 오셔야만 하는 주님을 맞이할 자격도 없는 자가 염치도 없이 기다린다. 어릴 때도 그랬지만 성인이 된 지금도 마찬가지로 기다린다. 오신 예수님을 생각하게 하는 성탄절도 기다리지만, 다시 오실 주님을 기다린다. 아니 죽음이 나를 사로잡을 때까지 주님이 오시지 않아도 여전히 나는 성탄절을 기다릴 것이다.

어릴 적에 나는 성탄절 이브엔 설레는 마음을 안고 유독 밤하늘을 자주 쳐다보았다. 지금은 오염된 하늘에 별 하나도 보이지 않지만, 그때는 밤하늘의 반짝이는 별들을 수없이 많이 볼 수 있었다. 그렇기에 예수님 탄생할 때 나타났던 동방박사들을 인도한 그 별이 어디선가 나타날 것 같은 막연한 기대감을 가득 안고 성탄을 기다렸다. 지금도 그 순수했던 그 시절로 돌아가 성탄을 기다리고 싶다.

성탄은 한 마디로 영원히 죽을 수밖에 없는 죄인을 위해 하나님이 자신의 독생자 아들을 세상에 보내신 날이다. 이 큰 사건은 하나님께서 인류에게 베푸신 최고의 특별하신 사랑의 선물이며 은혜였다. 그것은 기쁨이며 소망이었다. 그렇기에 감격 속에서 이날을 기다린다.

이런 마음으로 기다리는 예수님이 오신 날은 일 년 중 가장 기쁘고 복된 날이다. 그렇지만 눈 오는 날 이리 뛰고 저리 뛰는 강아지처럼 아무 의미 없이 그저 즐기기만 해서는 안 된다. 예수님은 오셨는데 예수님 없는 사람처럼 성탄의 주인공을 외면한 채 즐거워하고 기뻐해야 하는 이유조차 모르는 사람이 되지 않아야 한다. 즐거운 크리스마스(Merry X-Mas)가 되어야 하지만 죄송한 크리스마스(Sorry X-Mas)가 되게 해서는 안 되기 때문이다.

화려한 크리스마스트리는 없어도, 성탄 캐럴은 없어도, 산타의 선물은 없어도 그보다 더 큰 선물인 아기 예수는 있어야만 한다. 그렇지 않다면 아기 예수는 오늘도 마구간에 계실지도 모른다. 수천, 수만 번의 성탄을 맞는다고 해도 주님 없이 맞는 성탄은 무의미할 뿐이다.

또한 성탄은 가장 큰 선물 예수님을 하나님으로부터 받은 날이다. 주신 선물이신 예수님을 소중히 여기지도 않으면서 그날만을 그렇게도 기다리는 모순이 없도록 하고 싶다. 이렇게 큰 감격의 선물을 주신 하나님께 감사하며 보내야 한다. 어지러운 이 땅에 반드시 다시 오셔야만 할 주님을 생각하며 성탄절을 맞아야겠다.

나는 지금 아기 예수 탄생을 기다리며 성탄절 장식을 한다. 이제는 주님이 보실 때 한탄절이 아닌 진정한 성탄절이 되게 해야지. 하늘에는 영광이 되고 땅에는 평화가 임하도록!

[20181206]

다른 사람의 선입견에도 귀 기울이자

 우리는 하루에도 수많은 사람을 만난다. 그들 중에는 과거에 만났던 사람을 다시 만나기도 하고, 오늘 처음 만나는 사람도 있다. 처음 만날 사람을 기다릴 때는 우리는 그 사람이 어떤 사람일까 머릿속으로 상상해 본다. 어떻게 생겼을까 뿐이 아닌 나와 과연 대화가 통할 사람인지, 나를 이롭게 할 사람인지, 혹 내가 무엇을 얼마나 도울 수 있는 사람인지, 서로에게 유익을 끼칠 사람인지 등등.
 처음 만나는 사람을 소개한 사람이 누구냐에 따라, 또 어떻게 소개했느냐에 따라 선입견은 달라진다. 선입견이란 글자 그대로 이미 마음속에 자리 잡은 견해이다. 그렇기 때문에 사람을 만나기도 전에 그 사람을 소개한 사람을 통해 선입견을 갖게 된다. 소개한 사람이 믿을 만한 사람이라면 만나기도 전에 그 사람에 대해 좋은 감정과 기대감이 마음속에 자리 잡는다. 이렇게 되면 이미 그 사람은 긍정적인 선입견이 작용한 것이다. 첫인상이 상대방을 사로잡는 데 가장 중요한 역할을 한다는 글이 있다. 첫인상은 매우 중요하다는 말인데 사람을 사귀다 보면 첫인상과 같지 않은 경우가 많은 것도 사실이다.

정작 사람을 만나 그 사람에 대해 알기도 전에 긍정적인 선입견이든 부정적인 선입견이든 그 어떤 것이라도 자기가 생각하고 있는 선입견에 따라 대화의 모든 것들이 달라진다.

백 번 듣는 것보다 한번 보는 것이 낫다는 속담이 있다. 그러나 선입견은 단단하여 깨지지 않는다. 이미 굳어진 선입견은 좀처럼 바꾸기 어렵다. 어떤 설명도 먹히지 않을 뿐만 아니라 실체를 보아도 자신의 견해를 쉽게 바꾸지 않는다. 결국 다시 돌이킬 수 없는 관계가 될때 비로소 깨닫기도 한다.

예를 들어보자. 어떤 한 회사에 사원이 입사했다. 공채로 채용한 것이 아닌 사장 선배의 부탁으로 채용했다. 그 사장 선배는 그 사원을 세상에 그만한 사람은 없다는 듯 좋은 소리는 다 했다. 그 말을 들은 사장은 회사에 유익할 것이라는 결론을 내리고 입사시켰다. 그런데 시간이 지날수록 그 사원의 정체가 드러나기 시작했다. 선배가 말한 것과는 정반대의 모습이 나타난 것이다. 그 사장은 처음엔 다른 동료들이 이야기하는 소리를 들었으나 아니라고 도리어 그 사원을 두둔하며 나쁘게 말하는 사원들만 꾸짖었다. 그러나 일 처리가 제대로 되지 않는 일이 빈번하게 발생하자 자신이 신배 말만 믿고 가졌던 그 선입견이 잘못된 것을 확실하게 알았다. 그러나 때는 이미 늦었다. 좋은 선입견으로 사원을 채용했으나 그 사원의 무능함으로 일을 제대로 처리하지 못하여 회사는 큰 손해를 입었다.

반면에 별로 좋지 않은 선입견으로 채용한 사원이 생각밖에 일을 잘 처리하였는데도 그릇된 선입견으로 인해 그 사원에게 그 공로를 돌리지 않거나 무시한다면, 선입견 때문에 실제와는 다르게 대우를 받은 사람은 피해자가 된다. 그런데 반드시 실체는 드러난다. 실체가 드러날 때까지 겪어야 하는 고통도 고통이지만 훗날 후회해야 자기 자신이 가진 판단의 무능함만이 스스로를 괴롭힐 뿐 아무 소용이 없다.

우리는 너무나 쉽게 다른 사람들에 대해 평가한다. 그것은 나쁜 평가든 좋은 평가든 마찬가지다. 좋은 선입견이든 나쁜 선입견이든 선입견 자체가 옳은 것은 아니다. 잘못된 선입견은 일을 그르치게 할 수도 있고 바른 판단을 하지 못하도록 하는 나쁜 요인이 된다. 좋은 선입견은 좋은 것 같이 생각할지 모르지만, 결코 그것도 바로 보지 못한 점에서 옳은 것은 아니다. 되도록 선입견을 적게 갖도록 하는 것이 바른 자세다. 선입견은 선입견으로만 그치질 않는다. 우리의 선입견이 얼마나 많은 편견으로 존재하고 또 그 편견이 편애를 가져오기도 하며, 그 선입견이 일을 그르치기도 함을 알게 된다. 편견은 불평을 만들고 파벌을 조성하게 한다. 가정에서도 부모의 편애로 빚어지는 불행은 얼마든지 있다. 학력이나, 그밖에 능력에 따른 대우는 편애와는 다르다. 그러나 편견으로 인한 다른 대우는 공정해야 할 사회에서의 큰 걸림돌이 된다.

우리 인간은 온전하지 않기 때문에 선입견이 없을 수는 없다. 악한 사람만 선입견이 있는 것이 아니라 선한 사람도 선입견이 있다. 그렇지만 선입견의 폭을 최대한 줄이려고 노력해야 한다. 선입견은 눈과 귀를 가려 잘못된 판단을 내리게 한다. 또한 선입견은 자신의 판단과 생각으로 재단을 하여 만든 허상일 뿐인데 때때로 이런 거짓된 상상에 속아 미워하거나, 좋아하는 것은 옳은 일이 아닐 뿐만 아니라 잘못된 선입견으로 인해 소중한 것들을 잃을 수도 있다. 그러므로 선입견을 버리고 열린 마음을 가지는 태도가 필요하다.

나는 나쁘게 보았는데 좋게 본 사람이 있다면 그 말도 들어야 한다. 왜냐면 나는 위에서 보아서 그렇게 나쁘게 보았지만, 또 다른 위치에서 보니 좋을 수도 있기 때문이다. 자신이 본 것을 주장하자면 남이 본 것도 인정해 줄 줄 아는 사람이 인격자라고 생각한다.

동그란 무늬 없는 공을 제외한 모든 사물은 보는 지점에 따라 모양이 다르게 보인다. 세상엔 공처럼 동그란 것만 있는 것이 아니다. 아니, 동그란 것보다 모나고 각진 것들이 훨씬 더 많다. 그런데도 자기가 처한 곳에서 본 것을 그것이 다 인양 주장한다면 얼마나 어리석은 사람이겠는가? 또한 다른 사람이 본 것을 잘못 보았다고 질책한다면 그것 또한 얼마나 단세포적인 자세인가?

거꾸로 된 삼각뿔을 보고 남들은 모두 네모라고 하는데 자기만 세모라고 우긴다면 얼마나 웃기는 자세인가? 네모라고 본 사람은 위에서 내려다보아서 네모로 보인 것이고, 세모로 본 사람은 옆에서 보았으니 세모로 보인 것이기에 모두 다 맞는 말이다. 그리고 삼각뿔 하면 삼각뿔에 대한 선입견이 누구에게나 존재하기 때문에 보지 않아도 세모라느니, 네모라느니 말할 수 있다. 이런 예를 말하면 모두 다 이런 오류를 범할 사람이 어디 있겠냐고 콧방귀를 뀌겠지만 우리는 이런 잘못을 삶 속에서, 현실 속에서, 인간관계에서 많이 저지른다.

자신의 선입견을 고집하지 말자. 고집하기 이전에 타인의 선입견에도 귀를 기울여 보자. 어차피 너나 나나 똑같은 선입견일 수 있으니까.

[20071106]

봄과 코로나바이러스

어느 유치원에서 선생님이 아이들에게 물었다. "눈이 녹으면 뭐가 될까요?" 그러자 아이들은 한결같이 의기양양하게 큰 소리로 물이 된다고 대답했다. 그런데 한 아이만은 이렇게 다른 대답을 했다. "눈이 녹으면 봄이 와요."라고. 아이들은 깔깔 웃었지만, 그러나 누가 '눈이 녹으면 봄이 와요'라고 말한 그 아이의 말을 틀렸다 할 수 있을까? 그 아이는 정답 이상의 정답을 말한 것이다. 한 마디로 다른 아이들과는 다르게 눈 속에서 봄을 본 것이다.

올해 찾아오는 봄은 여느 때 맞던 봄과는 뭔가 좀 다르게 더 절실하게 기다려진다. 그것은 생각지도 못한 별난 바이러스가 지구촌을 위협하고 있기 때문이다. 온 세계 사람에게 긴장과 불안을 가져다준 이 바이러스가 봄과 함께 사라졌으면 하는 마음이다. 이 바이러스가 우리에게 주는 것은 폐렴이라는 질병뿐만 아니라 우리 마음에 공포심과 우울감과 불안감 등 마음의 병까지 줄 수 있다. 겨울이 물러가면 반드시 새봄이 오듯 겨울과 함께, 같이 사라질 것을 믿는다.

누군가가 그랬다. 신호등 앞에서 지루하지만 기다리는 것은 신호등이 바뀔 것이라는 확신이 있기 때문이라고. 시간이 지나면 코로나바이러스도 끝나고 일상이 될 것이다.

아무리 춥고 힘든 겨울이었다 하더라도 봄은 반드시 오는 것처럼 말이다. 누구나 겨울이 끝자락에 이르면 봄을 기다린다. 아무리 겨울이 겨울답지 않게 덜 추웠다 해도 봄을 기다리지 않는 사람은 없을지도 모른다. 눈다운 눈이 없었던 겨울이라 봄이 오기를 간절히 기다리지 않았어도 겨울의 추위와 상관없이 봄은 오고야 만다. 얼음장 밑으로 봄이 오는 것을 느낄 수는 혹 없다 해도 길가의 버들가지에서도, 칙칙하던 산자락에서도 푸름이 엿보이기 시작한다. 봄이 보인다. 그 봄은 크고 웅장하게 다가오지 않는다. 조용히, 그리고 고요히, 느끼는 자만이 느낄 수 있도록 우리 곁으로 다가온다.

겨울잠을 자던 크고 작은 동물들도 깨어나고 겨우내 움츠렸던 모든 생물이 기지개를 피고 움직이기 시작한다. 학교에서는 신입생을 맞는다. 그렇기에 '봄' 하면 제일 먼저 떠오르는 단어는 희망이라는 단어다. 그것은 생동이라는 말로 이어진다.

봄을 가리켜 희망이라고 말하는 것처럼 봄은 희망과 함께 강인

함을 배우게 한다. 봄은 우리에게 고난을 이기고 희망을 가져야 한다는 진리를 선물한다. 봄은 강하고 추운 바람과 영하의 혹독한 날씨를 이겨낸 승리의 산물이며 희생의 탄생이기 때문이다.

 성도들은 봄을 맞을 때 먼저 봄을 생각하기보다는 예수님의 고난과 부활을 떠올리며 예수님이 우리 때문에 겪으신 고난을 묵상하게 된다. 그것은 겨울이 지루하다고 느끼며 봄을 기웃거릴 무렵이면 어김없이 사순절이 시작되기 때문이기도 하다.
 죄 많은 인간을 사랑하사 구하시려고 하나님이신 예수님께서 이 땅에 오셔서 온갖 고난을 겪으신 사순절이 성도들에게는 봄의 시작을 알리는 전령사가 되었다. 그리고 예수님께서 사망 권세를 이기시고 무덤에서 부활하신 부활절이 되면 이 봄은 절정기를 이룬다. 이 위대한 십자가 사랑의 사건이 희생의 봄을 더욱 아름답고 찬란하게 한다. 또한 그런 예수님의 사랑과 희생이 있기에 이 봄이 더 큰 희망으로, 더욱 아름다운 계절로 자리매김했다.

 올해에 맞은 이 사순절은 코로나바이러스 때문에 좀 더 색다른 사순절로 맞고 있다. 이 사태가 예수님의 고난을 묵상함과 동시에 겪어보지 못한 또 다른 아픔을 우리에게 준다. 온 성도가 예배당에 모여 함께 예배를 드리지 못하는 아픔과 함께 예배를 드리지 못하니 성도끼리 교제를 못 하는 아픔과 아쉬움이 있다. 그러나 이 사태가 아픔과 아쉬움만 주는 것은 아니다. 사순절을 더욱 의미 있게 보내게 되는 유익과 함께 깨달음도 있다. 아무런 제재 없이 성도들이 함께 모여 예배드렸던 일상의 일이 얼마나 감사한 일이었는지도 새삼 깨닫는다.

그래서 영상으로 드리는 예배지만 찬송은 더욱 열심히 부르고, 기도는 더욱 뜨겁게 하고, 말씀은 더욱 간절히 사모하며 듣는다. 무슨 일이 발생해도 성도들에게는 깨닫는 은혜가 있어 좋다. 그래서 성도는 은혜로 살고, 범사에 감사하며 사는 사람들이다.

코로나바이러스가 아무리 맹위를 떨쳐도 반드시 가고야 말 것이다. 분명한 것은 봄은 반드시 온다. 봄은 희망이다. 나는 봄이 좋다. 생동하는 모습이 좋다. 봄의 시작인 사순절과 무르익은 봄에 부활절이 있으니까 더 좋다. 이 봄에 우리를 향한 하나님의 다함없는 사랑을 보여주신 은혜의 날이 들어 있으니 더욱더 좋다.

[20200310]

사람. 사람 인(人)자처럼

   어느 날 아침에 TV에서 우연히 보았던 영화 한 편이 생각난다. 비행기 사고로 무인도에 혼자 떨어진 남자는 굴러다니는 배구공 하나를 발견한다. 그리고는 사고로 인한 상처에서 나온 자신의 피로 그 공에 사람 얼굴을 그려 넣고는 그 공을 친구로 삼는다. 그리고 그는 그 공과 대답 없는 대화를 하면서 갈등도 하고 다투기도 한다. 화가 나면 공을 내 던지기도 한다. 그러다가 공에게 사과를 하며 진짜 사람에게 하듯 애정을 쏟는다. 눈물 나는 장면이었다.
   인간은 이처럼 혼자서는 도저히 외로워 살 수 없는 존재이다. 인간은 상대할 대상이 반드시 있어야 하며, 하다못해 무생물이라도 있어야 사는 존재이다. 이 세상을 혼자 살아가는 것은 하루에 담배 15개비를 피우는 것만큼 나쁘다고 말하는 것을 들은 적이 있다.
   사람은 혼자서는 진정한 사람이라 할 수 없다. 사람은 더불어 살아야만 사람이라는 말이다.

　수많은 사람이 사람 때문에 살 수 없다고 하기도 하지만 어쩌면 나를 힘들게 하는 그 사람 때문에 도리어 살아가는 힘이 되는지도 모른다.

　한자로 사람을 칭하는 '사람 인(人)자'를 보면 작대기 두 개로 이루어져 있지만 오묘한 진리가 숨어있음을 느끼게 한다.
　한자라는 것이 원래 뜻글자로 단어마다 그 모습을 보면 경이롭다. 특히 사람이라는 뜻을 가진 '인(人)' 자는 더욱 그러하다. '사람 인(人)'자는 아주 간단한 글자여서 누구나 쓸 수 있고, 이 글자를 모르는 사람이 없지만 그 간단함 속에는 너무도 깊고 오묘한 철학이 담겨 있는 것만 같다.

　'사람 인(人)'자는 작대기 두 개가 서로 붙어서 지탱하는 모습을 보여주는 글자다. 어쩌면 그 붙어 있는 모습이 우리의 인생을 말해주는 듯하다. 혹자는 이 '사람 인(人)' 자의 모습이 나와 남이 서로 지지하고 돕는 사회적 존재라는 의미를 담고 있다고 말한다.
　수직으로 똑바로 서 있는 획이 아니다. 서로가 자신만만하게 곧게 서 있는 것이 아니라 비스듬히 겸손한 자세로 마치 너 없으면 나는 쓰러짐을 전제로 하는 모습이다. 마치 혼자서는 살 수 없고, 너 있으므로 내가 있고, 내가 있으므로 네가 있다는 듯 서로를 받쳐주며 두 개의 획이 서로 한 개의 점에 붙어 다른 한 획을 지탱해 주는 모습이 훈훈함을 더해 준다.

한쪽이 힘들어 더욱 기댄다면 나머지 한쪽이 그것을 받아 힘 있게 힘을 공급하여 쓰러지지 않게 한다. 만일 힘의 균형이 깨진다면 한 획이 바닥에 누워버리게 되고, 그리고 나면 나머지 한 획도 바닥에 누워버리게 될 것은 너무도 당연하다. 그렇게 되면 그것은 '사람 인'자가 될 수 없다. '사람 인'자가 아니다.

두 개가 서로 누워버리면 '둘 이(二)'자가 되든지 아니면 함께 포개져 하나라는 뜻의 '한 일(一)'자가 된다. 혹 서로 제각각 아무렇게나 떨어져 글자로서의 자격이 없어질 수도 있다. 이렇듯 서로를 밀어주며 균형을 잃지 않고 붙어 있는 '사람 인'자의 글자가 나이를 먹으면 먹을수록 더 정겹고 아름답게 느껴진다.

무엇보다 하나님께서 인간을 최초로 만드실 때에도 아담만 창조하지 않으셨다. 아담을 창조하시고 혼자 사는 것이 좋지 아니하다고 말씀하시면서 돕는 배필로 하와를 만드시고 함께 살게 하셨다. 그래. 사람은 그렇게 사는 것이다. 인간은 혼자서는 바로 설 수도 없을 뿐만 아니라 혼자서는 아무것도 할 수 없는 존재다. 한 마디로 서로 도우며 사는 것이 인간이라는 말이다.

인간 갈등의 원인이 여러 가지가 있겠지만 균등이 깨질 때 오는 원인이 크다. 인간세계에 존재하는 give & take 원칙. 이것이 철저히 적용되는 것이 바로 '사람 인'자이고 그렇게 살아가야 하는 것이 인생이다. 혹자는 이렇게 말한다. 그런 원칙을 말하는 것은 야박한 것이라고, 많이 주라고 한다. 그렇다. 성경의 가르침도 그렇다. 그러나 기본적으로 서로를 지탱해 주고, 균등을 이루는 원칙은 반드시 적용되어야 한다.

이것은 가장 가깝다는 부부관계에도, 부모와 자식 간에도 적용되는 도리이다. 주거니 받거니 하는 그 내용의 성질은 다를 수 있다. 물질을 주면 정신을 받기도 하고 정신을 주고 물질을 받기도 하고, 혹 시간을 받기도 한다. 어떤 이는 줄 것이 아무것도 없다고 말한다. 그러나 줄 것이 아무것도 없는 사람은 없다. 훈훈한 마음이라도, 애끓는 사랑이라도, 따뜻한 말 한마디라도 누구를 막론하고 줄 것이 반드시 있다.

그렇기에 한쪽의 희생과 봉사를 요구할 수는 없다. 그것은 이기적인 요구요, 어쩌면 사람이기를 포기한 마음이다. 무엇보다 중요한 것은 그렇게 할 때 비로소 사람이 된다. 적어도 넘어지지 않을, 깨지지 않을 정도의 균형은 가지고 있어야 사람인 것이다.

내가 힘에 부칠 때 나를 지탱해 주고, 네가 힘에 부칠 때 내가 지탱해서 멋진 모습으로 서 있다면 그것은 사람으로 사람답게 사는 모습이 아닐까?

많은 사람에게 널리 알려진 '사람 인(人) 자'의 진수를 알게 하는 훈훈한 이야기로 글을 맺으려 한다.

어느 날 눈먼 사람 하나가 혼자서 험한 길을 가고 있었다. 눈은 보이지 않고 길은 매우 험하여 몹시 고생하고 있었다. 때마침 한 절름발이가 그곳을 지나가고 있었다. 불편한 다리로 험한 길을 가려고 하니 여간 힘든 것이 아니었다.

앞을 보지 못하는 시각장애인이 인기척을 듣고 그가 절름발이인 줄을 모르고 "여보시오 나는 앞이 안 보여서 그러니 좀 도와주시겠소?"라고 하였다.

이 말을 들은 절름발이는 "당신은 눈이 안 보이지만 두 다리는 튼튼하지 않소. 한쪽 다리를 쓰지 못하는 나를 도와줄 수는 없겠소?" 피차의 사정을 알고 서로 딱하게 느끼던 중 절름발이가 제안했다.

"그러면 서로가 어려운 형편이니 우리 서로 힘을 모아 봅시다. 당신이 나를 업으면 나는 당신의 눈이 되고, 당신은 내 발이 되어 함께 갈 수 있지 않겠소?" 그러자 눈이 먼 사람은 "그것참 좋은 생각이오. 그렇게 합시다."

그리하여 두 사람은 서로 의지하며 험한 길을 안전하게 갈 수 있었다.

[20180530]

나와 우리의 퀘렌시아

초등학교나 유치원 부근을 가다 보면 스쿨존(school zone)이라 불리는, 우리말로 표현한다면 어린이 보호구역을 일컫는 곳이 있다. 이곳에서는 자동차는 서행해야 하고, 아이들에게 해로운 어떤 시설도 들어설 수 없는 한 마디로 어린이들에게 안전한 곳을 말한다.

나는 이곳을 지날 때마다 이런 생각을 해 본다. 어린이들을 안전하게 보호하기 위해 이런 보호구역이 있는 것처럼 이 땅을 살아가는 모든 사람의 몸과 마음을 편히 쉬게 할 그런 안전한 곳이 있다면 얼마나 좋을까를.

지금처럼 눈에 보이지도 않는 바이러스로 인해 불안과 공포심이 압박해 올 때, 그곳에 가기만 하면 감염될 염려가 조금도 없는 안전한 곳이 있다면 얼마나 좋을까?

어느 나라를 막론하고 크고 작은 걱정거리가 있다. 그것은 빈

곤일 수도 있고, 질병일 수도 있고 지진 등의 천재지변일 수도 있다. 지난겨울 호주에서는 지구촌의 기상을 바꾸어 놓을만한 상상을 초월한 산불도 일어났다. 또한 미국도 비록 전쟁의 공포는 없지만, 거기에도 토네이도나 지진 그리고 총격 사건과 같은 공포가 있다. 이처럼 이 세상은 위험이 도사리고 있다. 지금은 바이러스 하나가 온 지구촌 사람들을 위협하여 마음은 불안해지고 공포심마저 감돌게 한다. 선후진국을 가릴 것 없이 찾아온 이것은 최대의 선진국인 미국마저도 예외가 아니다.

우리나라는 전쟁 위험이 한시도 우리 곁을 떠나지 않고 위협하고 있다. 이 전쟁 위기에 특별히 민감한 사람은 비록 내 나라지만 이곳에서 못 살겠다고 이민을 가기도 한다. 언젠가 있었던 일이다. 북한이 남침할 것을 두려워한 나머지 집안의 모든 것들을 정리하고 미국으로 이민을 가서 작은 마켓을 경영하며 살았는데 어느 날, 흑인이 쏜 총에 맞아 죽은 사건이 있었다. 그 사람에게는 불안한 한국을 피하여 안전하다고 생각한 미국으로 갔으나 미국이 더 안전하지 못했던 것이다. 이처럼 이 세상엔 안전한 곳도 없고, 안전한 때도 없었다. 완벽한 안전은 없다는 말이다. 이렇게 위험과 사고는 항상 친근한 모습으로 우리 곁에 도사리고 있다.

스페인어로 퀘렌시아(Querencia)라는 단어가 있다. 이 말의 뜻은 피난처, 안식처라는 뜻이라고 한다. 투우장에서 투우사와 싸우다 지친 소는 이곳으로 가서 숨을 고르며 힘을 모은다고 한다. 이곳은 다음 싸움을 위해 잠시 쉬며 기운을 되찾게 하도록 있는 장소다. 어쨌든 동물, 심지어 곤충에게도 퀘렌시아가 있다고 한다.

세상의 위험으로부터 자신이 안전하다고 느끼는 곳, 힘들고 지쳤을 때 기운을 얻는 곳, 본연의 자기 자신에 가장 가까워지는 곳이 바로 이 퀘렌시아다. 이 퀘렌시아는 한 마디로 안전지대로써 회복의 장소를 말한다.

국어사전에 보면 '안전지대'란 '도로를 횡단하는 보행자의 안전을 위해 정해 놓은 곳'이라고 되어 있다. 그런데 아이러니하게도 보행자들의 안전을 위해 정해 놓은 그 안전지대 안에서 빈번하게 큰 사고들이 발생하고 있다는 사실이다. 이것이 이 세상 삶이 보여주는 모순 중의 하나다. 이렇게 모순투성이 세상에서 인간들은 자신만의 퀘렌시아를 오늘도 찾고 있는지도 모른다.

우리가 생각하고 원하는 안전지대는 전쟁의 공포가 없는 곳, 질병이 없는 곳, 사고가 없는 곳, 눈물이 없는 곳, 갈등이 없는 곳, 다툼이 없는 곳, 경쟁이 없는 곳, 그리고 평화가 있는 곳일 것이다. 바로 이런 곳이 퀘렌시아다. 그런데 애석하게도 이런 곳은 없다. 이 땅에서 안전지대를 찾는 것은 사막에서 신기루를 찾는 것과 같을 뿐이다.

요한 계시록에 보면 오직 하나님 나라에만 사망이나 애통이나 질병이나 슬픔이나 절망이나 흑암이 없다고 했다. 이처럼 안전한 곳은 오직 하나님 나라뿐이다. 그런데 이곳은 우리가 육신의 장막을 벗고 가야 할 곳이다. 그렇다면 천국만큼은 아니더라도 이 땅에서의 안전지대는 없는 것일까?

우스운 이야기 같지만 요즘 떠도는 이야기가 있다. 홍수가 났을 때 노아의 가족도 집에 있었고, 아브라함에게 세 천사가 방문했을 때도 집에 있었으며, 애굽에 맏아들이 죽는 재앙 때에도 이스라엘 백성들은 집에 있어 안전했으니 이 코로나바이러스로부터 가장 안전한 곳, 또한 바로 집이기에 집에 있으라는 것이다. 맞는 말이다.

그나마 이 땅에서의 최고, 최선의 안전지대는 집이다. 우리의 집 즉 가정은 육신의 안전지대가 됨은 물론 마음의 안전지대가 되어야 한다. 그렇다면 우리가 하나님 나라에 가기 전, 이 땅에서 사는 동안 우리의 가정을 최고의 안전한 지대로 만들어야만 한다.

가정은 추위와 더위, 그리고 모든 것들로부터 보호받는 안전한 곳으로 힘들고 지쳤을 때 힘을 공급해 주며 모든 것을 잊고 편히 쉴 수 있는 치유의 장소이며 믿음과 사랑과 위로가 넘치는 삶의 안식처가 되어야 한다. 한 마디로 이 땅에서의 낙원이 되어야 한다. 퀘렌시아가 되어야 한다. 언젠가 보았던 영화 코코의 대사 한마디가 머릿속에서 맴돈다. "응원해주는 거! 그게 가족이잖아요"

집에는 가정을 구성하는 가족이 있다. 그 가족 중에서도 어린 아이들의 가장 평안하고 안전한 곳은 엄마의 품이다. 그렇다면 우리의 가장 안전한 곳은 두말할 필요도 없이 주님의 품이다. 하나님은 하나님의 백성을 안전한 지대에 두시겠다(시12:5)고 약속하셨다.

우리가 자주 부르는 찬송가 가사 중에 "오 놀라운 구세주 예수 내주 참 능력의 주시로다. 큰 바위 밑 안전한 그곳으로 내 영혼을 숨기시네." 또한 주님은 우리에게 말씀하신다. "…네가 나와 함께 있으면 안전하리라"(삼상22:23)라고.

[20200403]

제4부

지금까지 지내 온 것

그냥 무심코 보던 달력이건만 새삼스럽다.
살아온 날들이 생각나기 때문이다.
어느새 인생 가을 속에 있는 내가 보인다.

아버지와 와이셔츠

어릴 때 내게 비친 나의 아버지는 만능이셨다. 그 이유는 내가 필요한 것, 불편한 것, 부족한 것, 힘든 것, 모르는 것 등을 아버지께 말씀만 드리면 마치 도깨비방망이를 가지고 계신 듯 다 이루어주심을 경험했기 때문이다.

나의 아버지를 크기로 말하면 큰 산보다 더 크셨다. 내 마음에 새겨진 나의 아버지는 태산보다도 더 큰 산이다. 또한 부지런함을 말할라치면 타의 추종을 불허할 만큼 근면하셨다. 언젠가, 부모님 안부도 여쭐 겸 친정으로 전화를 했는데 아버지께서 받으셨다. 숨 가빠 하시는 소리가 전선 줄을 타고 귓가로 들어왔다. 깜짝 놀라 무슨 일이 있으시냐고 물으니 무엇을 만들고 계신다고 하신다. 내 아버지지만 잠시도 가만히 계시질 않는다. 하다못해 빗자루라도 잡고 계셔야 하는 부지런함에 둘째가라면 서러워하실 아버지심을 잘 알기에 그래서 이렇게 말씀드렸다. "아마 아버지는 하늘나라에 가시면 하나님께서 특별 근면상을 주실 거야."라고.

어떤 아버지인들 자녀 사랑이 그렇지 않을까마는 나의 아버지의 자녀 사랑은 좀 유별났다.

초등학교 시절, 내 필통엔 언제나 뾰족하게 잘 깎아 놓은 네 자루의 연필과 한 개의 지우개가 항상 정갈하게 놓여 있었는데 아버지께서 날마다 점검하시며 그렇게 넣어주셨다. 아버지의 이러한 사랑 덕분에 지금도 나는 연필을 예쁘게 깎지 못한다. 또한 꼼꼼하고 자상한 아버지 덕분에 우리 형제들이 좀 피곤하게 자란 점도 있기는 하지만 그만큼 자녀 사랑도 남다르셨던 아버지셨다.

내게는 아버지 하면 떠오르는 일들이, 추억이 셀 수 없을 만큼 많다. 아름다운 추억으로 내 마음에 저축되어 있어 울적할 때면 그것을 하나씩 꺼내어 보곤 한다.

그중에서 생뚱맞지만, 유난히 생각나는 추억거리 하나가 있다. 아버지 생신에 있었던 일이다. 아마 내가 초등학교 고학년 때로 기억된다.

아버지 생신을 축하하기 위해 우리 4남매는 코 묻은 돈을 함께 모았다. 그리고 그 몇 푼 안 되는 적은 돈으로 선물을 하기로 했다. 결국 우리는 하루도 빼놓지 않고 날마다 입고 다니시는 와이셔츠를 선물하기로 의견을 모았다. 아버지께서 귀가하시기 전에 준비하였다가 드리려고 들뜬 마음으로 동생들과 함께 옷가게에 갔다. 가깝지 않은 거리에 있는 상점이건만 발걸음은 날개 달린

듯, 가뭄에 마른 낙엽처럼 가볍기만 했다.

옷의 치수를 알고 갔어야 했지만, 우리 4남매가 깜짝쇼를 하려 했기에 어머니께 아버지의 치수를 묻지 않았다. 동생들에게는 내가 아버지의 치수를 잘 아니까 문제없다고 자신만만해했다. 사실 정확히는 모르지만 내 마음에 아버지 치수에 대해서는 나름대로 확신하고 있던 터였다.

옷을 파는 점원에게 나와 내 동생들은 아버지께서 입으실 와이셔츠를 보여 달라고 하면서 묻지도 않은, 할 필요도 없는 아버지를 자랑하면서 으쓱 해했다. 그 점원이 치수를 물었는데 내가 머뭇거리자 남자 나이에 맞는 표준 치수 와이셔츠를 내놓았다. 그런데 그 옷을 보니 내가 보기에 아니, 내 동생들이 보기에도 마찬가지로 너무 작아 보였다. "더 큰 것은 없나요?" 하고 물으니 "있어요."라는 말과 함께 "아버님의 체격이 무척 건장하신가 봐요?"라고 묻는다. 나는 으스대기라도 하듯 대답했다. "네, 우리 아버지는요, 매우 크세요." 그리고는 그 말이 끝나기 무섭게 아주 큰 치수의 옷을 우리에게 보여주었다. 이 정도면 웬만한 사람은 맞을 거라고 하는데 그 말이 기분 나쁘게 들렸다. 그 이유는 내 마음속에 있는 나의 아버지는 웬만한 사람이 아니었기 때문이다. 보여 준 그 옷 역시 내 눈에는 아버지에게 작을 것만 같았다. "더 큰 것은 없나요?" "네, 이것이 제일 큰 것인데… 이 이상은 없어요. 만약 작으면 가져오세요." 우리는 더 큰 것이 없음을 못내 아쉬워하며 바꾸어 줄 것을 확인하고서 개운치 못한 마음으로 그 옷을 사고 가게를 나왔다.

저녁에 아버지께서 들어오셔서 생일 축하할 시간이 되었다. 우리 형제는 의기양양하여 흥분된 상태로 아버지께 축하의 노래를 불러 드리고 케이크도 자르고 선물을 드렸다. 아버지께서는 세상에 둘도 없는 행복한 미소를 지으시며 우리가 드린 선물의 포장을 뜯어보시고는 이내 단추를 풀어 입어 보셨다.

아! 그런데 이게 웬일인가? 그것은 아버지께 좀 적을 것으로 생각하면서 찜찜한 마음으로 사 온 와이셔츠이건만 그것은 내 생각과는 정반대였다. 옷이 너무도 컸다. 마치 의사들의 가운 같았다. 나는 겸연쩍고 창피하여 몸 둘 바를 몰랐지만, 우리 식구들은 모두 크게 웃었다. 할머니께서 이렇게 말씀하셨다. "우리 손자들이 아범을 무척 크게 본 모양이구나!"
그러자 어머니께서는 아버지의 치수를 말씀해 주셨는데 그 치수는 가게 주인이 권했던 표준 치수에서 한 치수 정도 큰 것이었다. 그런데 나는 "더 큰 것, 더 큰 것." 했으니 교환하러 가는 내 발걸음은 사러 갈 때와는 달리 너무도 무거웠다. 그것은 가게 주인에게 창피함도 물론 이려니와 그보다는 내 마음속에 있는 내가 본 나의 아버지에 대한 이미지의 혼동 때문이었다. 그럼에도 불구하고 동생 중에는 이렇게 큰 착각을 한 나에게 원망 내지는 투덜거릴 만한데 아무도 그렇게 한 동생이 없었다. 동생들도 아버지를 나와 같이 크게 생각했던 것이었으리라.

   지금도 내 아버지를 이야기할라치면 그때 그 일이 생각난다. 이 세상에 어떤 어려운 일도 나의 아버지는 다 해내실 것 같았고, 불가능이 없을 것만 같았을 그때가, 아버지의 그 기백과 건장함이 그립기만 하다.
   이 땅에서의 아버지는 백수를 향하여 가고 계신다. 또한 나는 아버지 와이셔츠를 살 때의 아버지보다 훨씬 더 나이 많은 환갑이 지난 나이지만 아버지는 아직도 어릴 때 내게 너무도 소중했던 것처럼 지금도 마찬가지로 내게 너무도 소중하다. 바라기는 늘 천국 소망 속에 지금처럼만 몸과 맘이 건강하시기를 간절히 기도한다. 그리고 나로 인하여 아버지께서 행복하시기를 간절히 소망한다.
   지금 내 눈에 보이는 나의 아버지는 가장 큰 와이셔츠도 작은 것처럼 보였던 그때의 모습이 아니다. 지금도 그렇게 크게 느끼고 싶건만 세월이 갈수록 작아지시는 아버지 모습에 맘이 매우 아프고 눈시울이 뜨거워진다.
   아, 이제는 바꾸러 가지 않을 정확한 치수를 알고 있으니 새 와이셔츠를 장만해 드려야겠다.

[20180501]

선한 사마리아 사람 나의 외삼촌

 나라가 온통 꽃 잔치를 하는 양 사방이 꽃으로 가득하다. 굳이 꽃을 찾아 떠나지 않아도 밖으로 눈을 돌리기만 해도 온통 꽃들이 나를 반긴다. 그런 꽃들을 바라보고 있노라면 모두가 다 행복하기만 할 것 같은 착각에 빠진다. 그래서 난 이런 봄이 좋다.
 이 봄에 꽃보다 더 아름답고 훈훈한 이야기 하나를 소개해 보려고 한다.

 내게는 외삼촌 한 분이 계시다. 나의 엄마가 맏이시고 외삼촌은 막내라서 엄마와 나이 차이가 많이 난다. 게다가 나도 맏딸이라 나와 외삼촌과의 나이 차이는 그리 많이 나지 않아 때로는 오빠처럼 보이는 삼촌이다. 칠순 중반의 나의 외삼촌의 외모는 60대로도 안 보일 정도로 동안이시다. 아직 봄이라고 말하기엔 조금은 쌀쌀하고 봄빛이 아련한 3월의 어느 날. 나의 외삼촌은 볼 일이 있어 마음먹고 집을 나섰다. 그도 그럴 것이 삼촌 집은 분당이고 가려고 하는 곳은 종로3가 낙원상가였으니 한 번 나가면 하루가 다 걸릴 그런 거리다.

  부지런히 걸어가는데 종로 1가에서 2가로 가는 길가에 남루한 옷차림의 할머니 한 분이 삼촌 눈에 뜨였다. 흐트러진 모습으로 웅크리고 앉아 있는 할머니는 구걸하는 모습이 역력하였다. 그 할머니를 보는 순간 측은하고 안쓰러운 마음이 들었다. 그래서 작은 성의라도 표하고 싶었다. 나의 외삼촌은 본성이 정이 많고 마음이 여려서 가엾은 분을 보면 그냥 지나치지 못하시는 분이시다. 그런 성품인 외삼촌은 그때도 예외 없이 작은 성의라도 보이려 주머니를 찾아보니 만 원짜리밖에 없었다. 그냥 줄까 하며 주춤하다 기회를 놓쳐 주지 못하고 그냥 그 자리를 지나쳐 볼일을 본 후 집으로 가기 위해 버스에 올랐다.

  그런데 문제는 여기서부터다. 달리는 버스 안에서 잊혔어야 할 그 할머니가 눈에 밟혔고, 머릿속은 온통 그 할머니 생각에 잠기기 시작했다. 잊으려 하면 할수록 더 생각이 나더니만 급기야 집에 도착하고 잠자리에 들었을 때까지도 삼촌의 마음엔 그 할머니 모습으로 가득 찼다. 무겁고 괴로운 마음으로 잠을 청했으나 잠이 오질 않아 뒤척이다 이런 결론을 내렸다. "그래. 내일 다시 그곳으로 가서 그 할머니에게 주면 되지."라고. 애써 마음을 가라앉히고 잠을 청했는데 이제는 또 다른 생각이 엄습하기 시작했다. 그것은 그 할머니가 내일은 그곳에 없어 만나지 못할까 하는 불안함이었다. 그래서 기도했다. 아무리 작고 하찮은 기도도 들어주시는 하나님께 그 할머니를 꼭 만나게 해 달라고 간절히 기도하며 간신히 잠이 들었다. 다음 날 아침, 오직 그 할머니를 만나기 위해 서둘러 외숙모와 함께 집을 나섰다. 삼촌 집과 종로 낙원상가까지는 먼 거리임에도 아랑곳하지 않고 오직 그 할머니를 만나기 위해 떠난 것이다. 버스를 타고 가는 도중 내내 맘속으로 그 할머니를 만나게 해 달라는 기도뿐이었다.

그런데 삼촌은 버스가 명동 성당 부근에 왔을 때, 이상하게도 그곳에서 내리고 싶어졌다. 어제 그 할머니를 만난 곳은 종로 2가 부근이었기에 그 할머니를 만나려면 종로 2가로 가야 하건만 그냥 내리고 말았다. 그리고는 계속해서 종로 2가 쪽을 향해 걸었다. 실제로 그 할머니를 만날 가능성은 더 희박한데도 불구하고 그 할머니를 만나야 한다는 생각은 더욱 커져만 갔고, 발걸음 역시 빨라져만 갔다.

한참을 걷다가 건널목을 건너고, 또다시 몇 미터 정도 갔을까? 그런데 이게 웬일인가? 그곳에 삼촌이 그렇게 찾던 그 할머니가 거기에 있었다. 삼촌은 눈을 의심해 보았다. 어제 만났던 그곳이 아닌, 어제 만난 곳과 이곳 명동 성당 주변과는 거리가 꽤 먼 거리인데 여기서 그 할머니를 만나다니… 정말 꿈만 같았다. 혹 잘못 본 것은 아닌지 의심하며 다시 눈을 비비고 자세히 보니 분명 어제 그 할머니였다.

삼촌은 조금의 망설임도 없이 그 할머니를 불렀다. 그리고는 쾌히 겸연쩍은 모습으로 만 원짜리 한 장을 그 할머니 손에 쥐여 주고 급히 돌아섰다. 몇 걸음을 걷는 순간, 뭔가 께름직한 마음이 들었다. 그것은 예수 믿고 천국 가시라는 말을 못 했기 때문이었다. 가던 길을 돌아서서 그 할머니에게로 다시 갔다. 그리고는 간곡하게 "예수 믿으세요."라고 말하면서 할머니 손에 만 원 지폐 한 장을 더 쥐여 드렸다. 그랬더니 그 할머니는 아무 말 없이 감사하다는 듯 삼촌의 얼굴을 찬찬히 바라보았다. 삼촌 역시도 그 할머니를 바라보며 꼭 예수 믿을 것을 강한 눈빛으로 애절하게 말하고 돌아섰다.

삼촌은 집으로 돌아오면서 내 기도를 들으시고 응답하신 하나님을 생각하며 나 같은 사람의 작은 소원에도 응답하시는 좋으신 하나님께 감사했다. 만약에 어제 만난 그곳으로 갔다면 그 할머니를 만나지 못하였을 터인데 하나님께서는 나의 기도를 들으시고 나로 하여금 먼저 내리게 하여 그 할머니를 만나게 하셨으니 하나님의 은혜가 더욱 크게 느껴졌다. 그리고 삼촌은 강도 만난 사람에게 사랑을 베푼 사마리아인이 생각났다. 그러면서 삼촌 자신이 누군가에게 선한 사마리아인이 된 것 같아 마음은 기뻤고, 발걸음은 가벼웠다.

주님은 말씀하셨다. 작은 소자에게 베푼 사랑은 곧 주님께 베푼 것이라고. 어쩌면 나의 삼촌은 주님께 선을 베푼 것인지도 모른다.

  이 이야기는 어찌 보면 그저 평범한 이야기일 수 있다. 그러나 그 평범한 이야기가 평범하지 않은 시대이기에 평범함이 평범하지 않은 감동을 준다. 그리고 나의 삼촌의 그 소박하고 주님 사랑하는 마음이 지천으로 피어 있는 봄꽃보다 더 아름답고 강하게 내 맘에 다가왔다.

  봄은 이렇게 오는가 보다. 꽃보다 더 아름다운 사람이 야기가 많으면 좋겠다.

[20190425]

개보다는 나아야지

대망의 2018년의 해가 솟았다. 언제나 새해를 맞을 때면 대망이라는 말을 즐겨 쓴다. 글자 그대로 정말 큰 소망을 이루는 해가 되기를 간절히 소망한다.

그런데 2018년은 옛날 연도로 표기하면 무술년이라고 한다. 한 마디로 개(犬)띠 해다. 띠에 대해 별다른 관심이 없었으나 올해가 개띠 해라는 점이 나의 관심을 유도했다. 그 이유는 요즘 개는 동물이라기보다는 마치 인간과 대등한 위치로 올라온 느낌이 너무도 들기 때문이다. 그래서 개와 인간의 얽힌 이야기들을 생각해 보며 개에게서 교훈을 얻으려 한다.

이런 말이 있다. 개와 달리기를 할 때, 개보다 앞서가면 개보다 더한 사람이고, 개와 같이 가면 개와 같은 사람이고, 개보다 처지면 개만도 못한 인간이라고 한다. 우스갯말로 지나치기에 생각해 볼 여지가 있다. 만물의 영장이라고 자부하는 인간, 게다가 하나님의 형상을 입은 인간이라면 으스대고 뽐내기 전에 적어도 개보다는 나아야 하지 않을까?

 이전에는 대체로 개라고 하면 집을 지키는 수단으로 많이 길렀었다. 또한 개의 먹이는 사람들이 먹다 남은 혹은 먹다 버리는 것이 전부였다고 해도 과언이 아니다. 심지어는 사람의 몸보신을 위해 기르기도 했다. 그렇게 천대(?)받던 개가 이제는 귀한 존재로 품격이 상승하였다. 그나마 개를 사랑하는 사람은 그 개를 애완견이라 칭했으나 지금은 애완견이라는 말보다 반려견이라는 말까지 등장했다. 이제는 가축으로서의 개가 아니라 인간과 동격이 된 느낌이다. 반려라는 말은 그 단어 끝에 '자(者)' 자를 넣어 자신과 삶을 같이한다는 의미로 쓰이는 단어로, 반려자라고 하면 배우자를 말한다. 그런데 어느 사이에 개를 반려견이라 칭하는 신조어까지 탄생시키면서 개는 반려의 자리를 차지하게 되었다.
 개를 집안에서 기르는 것은 물론 개 음식만 만드는 전문인까지 생겨났다. 어디 이뿐이랴. 개가 기거하는 호텔에, 개가 입을 옷도 명품이 등장했다. 심지어는 유산을 상속해 주기도 한다. 그것뿐이 아니다. 미국엔 개 공동묘지도 있다. 이쯤 되면 개 팔자가 사람 팔자보다 더 낫다고 해야 하지 않을까?

 나의 친정집에도 개 한 마리를 길렀다. 개라고 하기엔 그 체구가 너무 작아 강아지라고 해야 맞다. 이 강아지는 치와와 종인데 우리는 이 강아지를 지금처럼 반려견으로 기르기보다는 낯선 사람으로 인한 피해도 줄일 겸 애완견으로 길렀다. 이 강아지는 눈빛이 총명하고 몸짓도 날렵하고 사람을 잘 따라서 온 식구의 귀여움을 독차지하기에 충분했다. 체구는 한 줌보다 약간 큰 것이, 어찌나 영리한지 자신의 식구는 기막히게 잘 알아볼 뿐만 아니라, 낯선 사람을 향해서는 사생결단하듯 짖어대며 끝까지 대항하는 모습이 여간 앙증맞지 않았다.

모든 식구는 그 강아지를 좋아하고 예뻐했으나 나와 남편은 별로 좋아하지 않았다. 도리어 좋다고 달려들까 봐 겁을 주기도 하고, 동생들 몰래 발길질한 적도 있었음을 이제 고백한다. 그런데 나나 남편이 올라치면 그동안 받은 구박을 이제는 갚을 것처럼 달려들어 으르렁거릴 수도 있고, 모르는 척 요란하게 짖어 겁을 줄 수도 있으련만 이 강아지는 언제나, 항상 꼬리치며 반갑게 우리 부부를 맞아 주었다. 그뿐만이 아니다. 멀리 발걸음 소리만 듣고도 사랑하는 가족들보다 먼저 달려 나와 꼬리를 흔들어 댄다. 정말 한 번도 관심을 두거나, 웃어주지도 않았건만 언제나 한결같이 우리 내외를 반기었다. 이러한 모습은 강아지에 대한 강퍅한 나의 마음을 서서히 움직이게 했다. 아무리 말 못 하는 동물이지만 미안했다.

그러다가 이 강아지와 얽힌 기막힌 사건이 생겼다. 유학길에 올랐다 2년 반 만에 귀국하여 처가에 온 남편을 보고 이 강아지는 오랫동안 못 본 애인을 만나기나 한 것처럼 반가움에 끙끙거리며 어찌할 줄 모르고 꼬리를 흔드는 것이었다. 그 모습은 마치 식구들보다 더 반가워하는 것처럼 보였다. 모든 식구가 이 광경에 놀랐다. 놀랐을 뿐만 아니라 눈물이 났다. 세상에! 자기를 예뻐해 주기는커녕 관심도 가지지 않던 사람을, 그것도 2년 반이라는 긴 시간이 흘렀건만, 더더욱 자기와 함께 살지도 않았던 이 집의 백년손님을 보고 그렇게 꼬리를 정신없이 흔들며 반가워하다니… 강아지의 영리함에 놀라야 했는지, 아니면 자신을 미워하는 사람을 용서(?)한 강아지의 덕스러움에 경의를 표해야 했는지 아무튼 미안한 마음과 함께 우리 부부는 그 일 이후 그 강아지를 함부로 대할 수 없었다. 그리고 많은 생각을 하게 했다.

우리 인간은 나 싫어하는 사람을 좋아하지 않는다. 그것도 자신을 멸시하고 못되게 굴었던 사람을 좋아할 사람은 더더욱 없다. 만일 그런 사람을 좋아한다면, 그 사람을 가리켜 좀 모자란다거나, 자존심도 없는 사람이라고 비웃을 것임이 틀림없다. 반면에 나를 미워하고, 싫어하고, 해롭게 하는 사람을 강아지처럼 끝까지 좋아하고 따르는 사람이 있을까? 만에 하나 그런 사람이 있다면 덕스러움이 충만한 사람일 것이고, 만일 그런 사람이 있다면 그 사람을 싫어할 사람은 절대로 없을 것이다.

개와 얽힌 감동적인 이야기는 너무도 많다. 그래서 주인을 위해 목숨을 버린 강아지에 대한 교훈적인 이야기 한 두 개쯤은 누구나 알고 있다. 그럼에도 불구하고 재미있는 것은 우리의 말 중에 나쁜 것은 모두 다 말 어두에 '개' 자를 붙인다. 예를 들면 개살구, 개떡, 개 발싸개, 개꿈, 개판, 개털, 개죽음, 개소리 등 '개' 자를 단어 앞에 붙이면 모두 다 나쁜 뜻의 말이 된다. 좋은 뜻의 말은 하나도 없다. 그만큼 개를 천대하고 멸시함을 보여준다. 멸시받아야 할 것은 정작 인간인지도 모르는데 말이다.

열 번 잘해 주다가 한 번 마음에 안 들게 하면 할퀴는 고양이 같은 인간이 얼마나 많은가? 만물의 영장이라는 우리는 늘 꼬리 치며 반가워하는 개를 보고 부끄러움을 느껴야 한다. 배은망덕이라는 말이 인간에게는 있어도 개의 세계에는 없는 말인지도 모른다. 아무리 생각해도 지나치지 않을 것은 미물인 개에게서 배워야 한다는 생각이다.

사람은 배신해도 강아지는 배신하지 않는다고 한다. 개들이 의리 없는 개들을 보고 이런 말을 한다고 한다. "이런 인간 같은 개야!"라고.

[20180102]

돼지보다는 나아야지

 2018년을 보내고 대망의 2019년을 맞았다. 2018년을 어찌 보냈든지 그것은 지금의 시점에서 그리 중요하게 여길 필요가 없다. 지난 한 해의 모든 일은 역사 속으로 묻어버리고 새해를 새로운 마음으로 맞는 것이 더 중요하고 지혜로운 것이니까 말이다.

 지난해 초입에 나는 '개보다는 나아야지'라는 글을 썼다. 그것을 기억하는 사람들은 농담 반, 진담 반의 소리로 올해는 '돼지보다는 나아야지'라는 글을 쓸 거냐고 묻는다. 그것은 지난해는 육십 간지로 무술년 즉 개의 해였고, 올해는 무술년 다음이니까 기해년 즉 돼지의 해가 된다. 동물의 특성상 개는 애완견에서 반려견으로 승급된 것을 누구나 다 아는 사실이고 개를 주제로 교훈 될 만한 사건을 하나 정도는 알고 있기에 '개보다는 나아야지'라는 글을 썼던 것인데 사람들 생각에 돼지는 개와 비교하여 볼 때 비교할 가치조차 없는 동물일 뿐만 아니라 돼지에게서 얻을 교훈은 없다는 생각에서 장난스럽게 그런 질문을 한 것 같다.

그런 질문을 듣고 함께 웃고 넘겼지만 생각하면 생각할수록 돼지라는 동물에 관심이 가고 혹 돼지에게서는 얻을 교훈이 없는지 생각해 보게 되었다. 가끔 못된 인간들을 가리켜 '짐승만도 못한 인간'이라는 말을 하기도 한다. 그렇다면 돼지도 짐승이고 보면 돼지에게서도 배울 것이 있을 것이라는 생각이 들기 시작했다.

나는 개의 해든, 돼지의 해든 그것을 중요하게 여기는 것은 아니다. 다만 그러한 것을 통해 삶의 교훈을 얻는다면 유익하다는 생각이다. 아무리 하찮은 미물이라도 우리가 배울 교훈은 넘칠 것이기 때문이다.

개미는 부지런한 곤충이고, 사자는 동물의 왕이고, 개는 충성심의 대명사로 떠오르지만, 돼지 하면 더럽고 욕심 많고, 둔하다는 생각이 먼저 떠오른다. 그러나 이러한 생각은 잘못된 생각으로 돼지는 억울할 만큼 큰 선입견 속에 오해를 많이 받는 동물이다.

돼지는 오래전부터 제사를 지낼 때 희생으로 쓰인 동물이라고 삼국사기에 여러 차례 나온다. 제천의 희생 제물로 돼지를 길렀고 이 돼지는 매우 신성시하였다고 한다. 돼지는 지신(地神)의 상징으로도 인식되었다고 삼국사기에 기록되어 있다. 옛날은 그렇다 치더라도 이렇게 문화가 발달한 오늘날에도 무당의 큰 굿이나 고사를 지낼 때 돼지를 희생으로 쓰고 있음을 보면 돼지의 가치가 그리 낮지 않음을 알 수 있다.

돼지는 영장류 외 포유류 중에서는 지능이 가장 높은 동물이기에 우리에 가둘 때는 빗장을 이중으로 해야 도망가는 것을 방지할 수 있을 정도라는 것이다. 또한 다양한 언어능력을 가지고 있어 자신들에게 필요한 것과 감정을 표현한다는 사실이다.

무엇보다도 개가 후각이 매우 발달했다고 생각하고 있지만, 돼지가 사물 냄새를 잘 맡아 사냥개 대신 돼지를 훈련하여 전쟁 중에 지뢰를 찾아내는 데 이용하기도 하였다고 한다.

그리고 오해 중에 가장 큰 오해는, 돼지는 지저분하다는 생각이다. 실제로 돼지는 청결한 동물 중의 하나라고 한다. 더울 때는 땀을 흘려 몸을 시원하게 해야 하는데 땀샘이 없으니 몸을 젖게 할 수가 없어 궁여지책으로 배설물에서 뒹군다는 것이다. 무엇보다 돼지는 아무 곳에나 배변하는 것이 아니라 일정한 자리에만 배변하는 청결한 동물이다.

끝으로 돼지를 욕심쟁이로 생각하지만, 이것도 인간이 잘못 생각하는 것 중의 하나다. 인간에게 감동을 주는 사실이 있다. 돼지는 어미와 새끼를 한 우리에 같이 두지 않는데 그 이유가 놀랍다. 돼지는 무조건 많이 먹어 살이 많이 쪄야만 한다. 그런데 어미 돼지는 자신이 먹어야 할 먹이를 새끼에게 양보하니 따로

둘 수밖에 없다는 것이다. 부모로서 자식에게 도저히 할 수 없는 일을 많이 하는 그야말로 돼지보다 못한 인간이 많은 오늘날의 세태를 보면 이런 돼지의 자식 사랑이 눈물겹다. 또한 돼지는 결코 과식하는 일이 없다고 한다. 그러고 보면 돼지는 결코 욕심쟁이가 아니다.

  요즘 연구가 진행되고 있는 사실은 사람과 돼지의 신체 조직이 서로 아주 유사하다는 것이다. 그래서 사람의 질병 치유에 돼지를 이용한다. 돼지 피부를 화상 치료에 이용하기도 하며 현재 사람에게 심장, 신장 등과 같은 장기를 제공할 가능성이 많은 동물이 돼지라고 한다.

  이처럼 돼지는 사람 몸에 큰 유익을 주는 동물이다. 개를 친근한 동물로 여기다 못해 반려견이라 하지만 가만 생각해 보면 돼지가 개보다 먹거리부터 시작해서 사람 병 치료에 이르기까지 사람에게 더 많은 유익을 주는 고마운 동물이다.

  돼지와 관계된 속담 또한 많은데 우리에게 적지 않은 교훈을 주고 있다. 돼지와 연관된 속담 중에 누구나 다 아는 속담으로 '돼지 멱따는 소리'라는 것이 있다. 이것은 듣기 싫은 노래를 크게 부를 때 핀잔을 줄 때 사용한다. 또한 컬컬하게 쉰 목소리를 '모주 먹은 돼지청'이라고 한다. 결함이 많은 사람이 오히려 결함이 적은 사람을 나무랄 때는 '똥 묻은 돼지가 겨 묻은 돼지 나무란다.'라고 하고, 같은 의미로 '그슬린 돼지가 달아맨 돼지 타령한다.'라고도 한다. 이처럼 속담에도 돼지가 더럽고 우둔한 동물로 나타난다. '돼지는 흐린 물을 좋아한다.'라는 말은 더러운 것은 더러운 것과 사귀기를 좋아한다는 뜻이고, 제격에 맞지 않게 지나친 치장을 할 때 '돼지우리에 주석 자물쇠'라는 말을 쓰기도 한다. '돼짓값은 칠푼이요, 나뭇값은 서 돈이라.'는 말은 본래 일보다 부수적인 일에 더 치중할 때 하는 말이고, 장난이 심한 아이들이 옷을 자주 더럽힐 때는 '돼지 밥을 잇는 것이 네 옷을 대기보다 낫다.'라고 말한다. '파리한 돼지 두부 앗은 날'이라는 말은 염치없이 음식을 탐하는 사람을 보고 하는 말이라고도 한다.

이처럼 돼지와 관계된 속담 역시 개(犬) 자가 들어가면 모두가 다 나쁜 뜻의 단어가 되는 것과 유사하다. 그러나 돼지가 말 가운데 들어가 나쁜 뜻의 말만 있는 것은 아니다. 예를 들면 꿈에 돼지를 보면 재물이 들어올 꿈이라고 좋아한다. 그래서 그런 돼지를 복돼지라고 부른다.

어떤 한 사람이 돼지우리에 빠졌는데 돼지가 자고 있다가 벌떡 일어나 도망갔다는 우스갯말이 생각난다. 사람은 돼지우리가 더럽다고 생각하지만, 돼지가 본 사람은 자신들의 우리보다 더 더럽다고 생각했기에 더러운 사람과 함께 할 수 없었다는 말이다.

이제 새해가 밝았다. 그야말로 돼지해가 떠올랐다. 돼지에 대한 잘못된 편견을 고치고 돼지와 연관된 속담들을 교훈 삼아 올해 한 해는 누구에게나 복을 주는 복돼지가 되어 보면 어떨까?

[20181231]

나와 쥐와 얽힌 이야기

2020년의 해가 솟았다. 또다시 한 해를 허락하신 하나님께 감사하며 새해를 계획한다.

2018년을 맞으면서 나는 '개보다는 나아야지'라는 글로 시작했고, 또 2019년은 좀 억지스럽지만 '돼지보다는 나아야지'라는 글로 시작했다. 그래서 올해도 '나아야지' 시리즈를 써야 할까 생각해 보았다. 그런데 올해는 그렇게 쓰기엔 좀 억지스러운 감이 있다. 그것은 2020년은 쥐의 해이고 쥐에게서는 얻을 교훈이 없게 느껴지기 때문이다.

'쥐' 그러면 한 마디로 첫인상이 작은데도 귀엽기보다는 혐오스럽다. 이런 느낌을 주는 쥐를 좋아하는 사람은 동서고금에 없을 것 같다. 그러나 쥐 때문에 명예와 부를 이루어 성공한 사람이 있으니 혹 그는 쥐를 좋아하지 않을까 하는 생각도 든다. 바로 디즈니랜드로 어린이들의 꿈이 되는 월트 디즈니가 그 사람이다. 미키마우스라는 쥐를 주인공으로 하여 만든 만화영화 덕이었다. 그러나 대체로 쥐는 농작물을 해치고, 나쁜 병원균을 퍼뜨리는 해로운 동물로 인식되어 있어 좋아하기보다는 징그럽고 더러운 동물로 생각하는 경우가 대부분인 데 반해 '월트 디즈니'는 그걸 역으로 이용하여 성공한 경우이다.

내가 쥐 때문에 겪었던 일을 생각하면 지금도 소름이 끼친다. 지금은 쥐를 보려 해도 잘 보이지 않지만, 이전엔 쥐가 너무 많아 쥐잡기 운동까지 벌였었다. 학교에서는 쥐를 잡을 것을 권장하는 문구들을 써서 붙이기도 하고, 심지어는 쥐를 잡아 쥐꼬리를 가지고 오게 하기도 했다고 한다. 요즘은 쥐보다는 고양이가 더 많은지 쥐보다 고양이를 더 쉽게 볼 수 있으니 격세지감을 느끼게 한다.

이전에는 집 밖에 있는 쓰레기통을 열기에 주저했다. 그것은 쓰레기통을 열면 쥐가 튀어나와 사람을 놀라게 하는 일이 비일비재했기 때문이다. 우리 집도 예외는 아니었다. 이 쥐가 어떻게 아파트 2층까지 올라왔는지 알 수는 없지만 아마도 밖으로 연결된 쓰레기통을 타고 올라온 듯하다. 당시에는 쓰레기통이 층으로 쭉 연결되어 있었다.

어느 날 갑자기 천장 위에서 소리가 들렸는데 분명 쥐가 뛰어다니는 소리였다. 소름이 끼치고 신경이 거슬렸다. 급기야 남편은 천장 한쪽을 떼어 천장 속에 고양이 한 마리를 빌려다 넣었는데 쥐가 뛰는 소리는 물론 고양이의 소리도 없었다. 고양이가 천장 속에서 죽은 것만 같았다. 시간을 보내었으나 고양이의 인기척은 없었다. 손전등을 가지고 천장 속을 비추었더니 천장 저 끝에서 고양이가 쥐에게 쫓겼는지 쥐가 아닌 고양이가 오들오들 떨고 있었다. 유인하여 고양이를 꺼냈다. 고양이의 깜짝 등장 때문인지, 그 후에 다른 조치를 취해서인지는 모르겠으나 쥐는 다시 오지 않았다. 만약에 그때 고양이가 천장 속에서 죽었다면 어땠을지 상상만 해도 끔찍하다.

　이처럼 쥐는 사람에게 별로 이로운 동물이 아니다. 아니, 해로운 동물이다. 물론 비록 실험용 쥐처럼 인간에 공헌하는 바가 있으나 쥐는 생김새가 얄밉고, 성질이 급하고 행동이 경망한데다 좀스럽다. 그렇듯 인간에게 해를 주는 동물이지만 아무리 보잘것없는 미물에게서도 배울 것이 있는 법이라 쥐에게서 얻을 교훈이 없을까 생각해 보니 다행스럽게도 있었다.
　쥐처럼 우리 생활과 밀접한 영역에 존재하는 동물은 없는지도 모른다. 우리나라 사람 의식 속에 쥐를 영물로 여기기도 했다. 그 이유는 쥐는 한 번 알아둔 통로는 반년 동안 기억한다고 한다. 또한 좌우를 구별할 줄 알고, 사람의 말을 열 마디쯤 알아듣는 것으로 알려져 있다. 또 쥐약을 먹고 혼이 난 쥐는 3개월 동안 절대로 쥐약에 접근하지 않는다고 한다. 이 얼마나 영특한가?

그래서 약삭빠른 사람을 쥐새끼 같다고 말했나 보다. 또한 쥐는 한 번에 6~9마리를 1년에 6~7회 출산한다고 하는데 쥐의 왕성한 번식력을 높이 사서 다산의 상징으로 보았다. 태아 출생률이 점점 떨어지고 있는 현시점에서 이런 점을 본받으면 좋겠다. 그리고 또 한 가지는 쥐가 부지런히 먹이를 모으는 근면성을 높이 평가하여 부와 재물의 상징으로 보기도 했는데 비록 도둑질하는 작은 동물로 지탄의 대상이 되기도 하지만 부지런한 근면성은 우리가 배워야 할 점이다.

그리고 속담 쪽을 살펴보면 쥐의 특성을 가지고 전해 내려오는 속담은 너무도 많다. 그러나 좋은 의미를 가진 것은 별로 없다. 쥐는 작은 동물이므로 작은 것을 빗대어 말할 때 많이 쓰였고, 대체로 약삭빠름을 말할 때 쓰였다.

그런가 하면 성경에도 쥐에 관한 이야기가 나온다. 레위기에 보면 비교적 부정한 동물로 쓰였고 사무엘상에는 쥐는 땅을 해롭게 한다고 되어 있고, 반면에 블레셋에서는 금(金) 쥐를 신성시하였던 것을 알 수 있다. 그리고 이사야서에 보면 돼지고기와 쥐를 부정스런 악의 상징으로 비유하기도 했다.

그러고 보니 내가 겪은 또 하나의 쥐와 관계된 에피소드가 생각난다. 쥐와 얽혀 겪은 끔찍하면서 동시에 웃음이 나는 이야기다. 결혼 초에 살던 집이 일제의 잔재로 남은 오래된 고옥이었는데 집 자체가 마당으로 둘러싸인 집이었다. 어느 날 마당에 쥐 한

마리가 나타나자 남편이 그 쥐를 잡으려고 부지깽이를 들고 쥐를 쫓았다. 마침 남편의 친구가 우리 집에 와 있었는데 그 친구는 반대 방향으로 연탄집게를 들고 쥐를 쫓았다. 결국 두 사람이 쥐를 쫓다가 쥐가 피할 길이 전혀 없는 막다른 곳에서 만났다. 그 쥐는 갈 곳이 없자 당황한 나머지 남편 친구 바짓가랑이 속으로 들어가 다리를 타고 기어올랐다. 이에 놀란 그 친구는 자기가 들고 있던 연탄집게로 자신의 다리를 힘차게 후려쳤다. 결국 쥐는 바짓가랑이에서 뚝 떨어지고 말았다. 쥐가 이 두 남자에게 사살된 것이었다. 쥐는 잡았지만, 그 친구의 다리가 어찌 되었는지 상상해 보라. 스멀스멀 다리를 타고 올라오는 쥐에 놀라 있는 힘을 다해 내려쳤을 테고, 그 연탄집게는 무쇠로 만든 것이었으니 다리는 생각보다 더 심한 상처를 입었다. 지금도 이 일을 이야기할라치면 웃음이 나오지만, 그 남편의 친구는 지금도 자못 심각해진다. 이 웃지 못할 우스운 사건 속에서 쥐와 연관된 속담 하나가 생각난다. "쥐도 궁하면 고양이를 문다."

2020년의 해가 밝았다. 2019년이 힘들었던 사람은 '쥐구멍에도 볕들 날 있다'라는 속담처럼 희망을 품고 살면 좋겠다. 또 다른 속담인 '쥐새끼 같은 놈'처럼 이리저리 눈치 보며 약삭빠르게 살지 말고 성실하게 사는 2020년이 되었으면 좋겠다.

[20200106]

바보가 장군이 되기까지

바보가 장군이 되었다면 시쳇말로 개천에서 용이 된 사람이다. 우리 역사상 그런 사람이 많이 있었겠지만, 바보가 장군이 된 사람 하면 제일 먼저, 가장 많은 사람이 떠올리는 인물은 단연 온달이다. 그것도 '장군 온달'과 '바보 온달'이 동시에 떠오른다. 그렇다면 일명 바보라고 불리는 온달은 정말 바보였을까? 고구려 때 살았던 온달. 그는 배울 환경과 여건이 안 되었기에 바보로 살았던 것이 분명하다. 정말 유전적으로 바보였다면 제아무리 평강이 아닌 최고의 교육학자를 만났다 한들 그는 바보에서 조금은 벗어날 수 있었겠지만 용맹스러운 장군이 되지는 못했을 것이다.

교육학에서는 한 인간이 만들어지는 요인 중 유전 대 환경의 비율이 태어날 때는 8:2로 유전이 환경보다 4배나 높은 비율을 차지한다고 한다. 그러나 그 높은 비율도 환경에 의해 바뀔 수 있다고 하니 그만큼 8의 유전보다 2의 환경이 더 중요하다는 말이다.

바보 온달이 평강 공주를 만난 것은 지금으로 치면 최고 복권 일등에 당첨된 것 같은 행운이 아닐 수 없다. 평강은 온달의 잠재력을 일찌감치 눈치챈 대단한 예지력의 소유자였음이 틀림없다. 또한 바보를 장군으로 만든 내조의 여왕 내지는 달인이라고 봐야 한다. 아무리 뛰어난 잠재력이 있는 온달이었다 하더라도 그것을 개발해 내지 못하였다면 온달은 그저 산골의 바보로 살다 갔을 것이기 때문이다.

남자든 여자든 결혼할 때는 자신의 배우자를 두 눈을 크게 뜨고 찾고 또 이왕이면 모든 면에서 좀 더 나은 조건의 사람과 결혼하려 한다. 그러나 원칙적으로 행복한 결혼 생활을 유지하려면 모든 면에서 비슷한 조건을 가진 사람과 결혼하는 것 즉 자라난 환경과 문화, 학벌, 경제적인 여건, 가풍까지도 어느 정도 균등한 것이 결혼 생활에 더 좋다는 것은 누구나 다 아는 사실이다. 그렇기 때문에 모든 면에서 기울지 않고 비슷한 환경과 비슷한 여건의 사람을 선호한다. 마치 시소게임과 같아 한쪽이 너무 기울면 덜 행복하거나 불행해질 수 있다. 맞는 말이다. 내가 겪지 않은 환경이 낯설고 또 그 환경을 쫓아가기에 헐떡거리다 보면 피곤해지고 때로 불화 내지는 갈등을 겪게 된다. 그래서 모든 면이 균등한 사람을 배우자로 맞으라고 하는 것이다. 그렇게 보면 온달과 평강은 시골뜨기 바보와 높은 신분인 공주의 결합이니 그들의 결혼은 100% 불행을 안고 한 것이다.

   이들의 결혼 생활을 추측해 보자. 아내인 평강은 자신이 공주라는 신분이 갖는 권리를 내려놓는 대신 아내로서의 권리(?)에는 충실했음에 틀림이 없다. 반면에 남편 온달 역시 비록 천한 신분이었지만 남편으로의 권위는 내려놓고 공주를 아내로 대하기보다는 아내를 공주로 대했을 것이다. 만일, 반대로 평강은 자신이 공주의 권리를 가지고 남편을 대하고, 온달은 남편이라는 권위로 평강을 대했다면 그들의 결혼 생활은 곧 파탄에 이르렀을 것이다.
   평강의 계획과 노력으로 온달은 점점 비천한 바보에서 훌륭한 장군으로 변해갔다. 이쯤 되고 나면 온달은 장군으로서의 권리를 내세울 수도 있었을 것이다. 그런데 온달은 그렇게 하지 않았다. 온달은 죽을 때까지 자신을 장군으로 만들어 준 아내 평강에게 고마움을 가지고 더 사랑하고, 더 아끼고, 더 위해주며 살았던 것이다. 그러한 마음이었기에 죽을 때까지 아내에게 존경을 받으며 행복한 남편으로 살았다. 평강 역시 자신을 믿고 장군이 되기까지 따라 준 남편이 고마워 남편 온달을 평생 존경하여 행복한 가정을 이루며 살았을 것이다. 이 얼마나 아름다운 한 폭의 그림인가?

이러한 현상은 과거에만 있던 일은 아니다. 오늘날도 이렇게 맺어진 부부는 얼마든지 있다. 그리고 온달과 평강처럼 죽을 때까지 자신을 시골뜨기 바보에서 위용 있는 장군으로 만들어준 아내에 대한 고마운 마음으로 더 사랑하고 사는 부부도 많다. 어쩌면 많은 희생을 감수하며 자신을 키워준 아내에게 작은 빚을 갚으려는 빚진 자의 마음으로 아내를 대하는 부부도 있을 것이다.

그러나 반대로 그런 남편보다는 개구리 올챙이 적 생각 못 한다고 마치 자기는 당연히 그렇게 클 사람이었다고 뽐내며 으스대는 남자도 있다. 아내에 대한 고마운 마음보다는 당연한 듯이 아내를 대하는 남편도 세상엔 많다. 그리고 장군 만드느라 희생한 아내를 존중하고 그간의 노고를 귀히 여기며 더 사랑하고 더 아껴야 함에도 불구하고 무시하며, 아내에게조차 장군행세를 하며 심지어 냉대하는 남자도 많이 보았다. 심하게는 이제 이룰 것을 다 이루었으니 당신은 필요 없는 사람이라 생각하며 다른 여인에게 눈을 돌리는 파렴치도 있다. 그래서 '남편을 위해 희생하지 말라. 말짱 헛일이다.'라는 말까지 있는지도 모른다.

한 사람이 세상을 살아갈 때 자신을 위해 희생한 사람이 얼마나 될까? 부모, 스승, 형제, 이웃, 친구 등 받은 은혜는 셀 수 없이 많건만 그것을 기억하고 고마워하는 마음을 가지고 사는 사람은 얼마나 될까? 제대로 인격을 갖춘 사람이라면 은혜를 바위 위에 새기고 생각할 줄 아는 사람일 것이다. 바로 평강 공주와 바보 온달이 그런 사람이다.

자신의 모든 부귀영화를 버리고 희생으로 살아가는 평강 같은 아내와 그 희생을 귀히 여기며 성실하게 살아가는 온달 같은 남편이라면 지금도 바보가 장군이 되는 역사는 계속해서 일어날 것이다.

그런데 만일 바보 온달이 춘향이를 아내로 맞았다면 어찌 되었을까?

[20200224]

'장' 씨 없으면, '최' 씨 없으면

　제목을 보며 이게 무슨 뚱딴지같은 소리인가 생각할 것이다. 그러나 이 제목은 어쩌면 우리 부부에게 하는 말인지도 모른다. 그것은 아내인 나의 성이 장 씨고, 남편의 성이 최 씨기 때문이다. 한 마디로 장 씨 성을 가진 여자와 최 씨 성을 가진 남자가 부부가 된 것이다.

　내가 중학교 2학년 때의 일이다. 우리 반에 최 씨 성을 가진 친구가 있었다. 성격적으로 그리 맞는 친구는 아니었지만 단지 키가 비슷해서 앉는 자리가 가까이 있는 친구였다. 그런 친구가 하루는 내게 이런 말을 했다. 자기의 엄마를 따라 점보는 집에 갔는데 그 점쟁이가 이 말 저 말을 하더니 자기를 바라보면서 이다음에 결혼할 때 장 씨 성을 가진 남자와 결혼하라고 했다는 것이다. 장 씨 성을 가진 사람하고 결혼하면 부자로 잘살 거라는 말을 듣는 순간 내 생각이 났다고 한다. 그러면서 나에게 오빠가 있느냐고, 있으면 자기에게 소개시켜 달라고 천연덕스럽게 말을 하는 것이었다. 불행인지 다행인지 모르겠으나 나는 오빠는커녕 언니도 없는 맏딸이다.

나는 그 점쟁이의 말을 눈곱만큼도 신뢰하지 않았지만 이상스럽게도 최 씨 성을 가진 여자가 장씨 성을 가진 남자를 만나면 좋겠다는 말이 자꾸만 생각났다. 그것은 나의 엄마의 성도 최 씨였기 때문이고, 또 비록 신뢰하지 않는 점쟁이의 말이었지만 나쁘게 들리지 않았기 때문이었다.

그렇게 세월이 흘러 나는 최 씨 성을 가진 남자와 결혼을 했다. 결혼을 준비하던 중, 중학교 때 장 씨 성을 가진 사람과 결혼해야 하니 오빠를 소개해 달라고 했던 그 친구와의 일이 떠올랐다. 그 친구는 정말 장 씨 성을 가진 남자와 결혼했을지 그것도 궁금했다. 그리고 또 한 번 놀라운 것은 대학생이 되었을 때 우리 과에 장 씨 성을 가진 친구가 있었는데 훗날 그 친구도 최 씨 성을 가진 남자와 결혼을 했다는 점이다. 우연치고는 우연 같지 않은 우연이라 결혼한 장 씨 성을 가진 그 친구와 이러한 이야기를 하면서 웃기도 했다.

그런데 또 한바탕 웃을 일이 생겼다. 몇 년 후, 내 남동생이 결혼했는데 이게 웬일인가? 남동생 아내의 성이 다름 아닌 최 씨였다. 정말 장 씨가 최 씨 없으면 못사는 것인지, 최 씨가 장 씨 없으면 못사는 것인지는 모르겠지만 우연의 일이라고 하기에는 필연적인 요소가 있는 듯했다.

　남편은 나에게 장난스럽게 이런 말을 하곤 했다. 장 씨는 최 씨 없으면 못산다고. 그러면 내 동생들이 말 같지 않은 말이라고 장난스럽게 항의도 했지만, 남편은 나의 부모님을 보아도 그렇고, 우리 부부를 보아도, 그리고 내 남동생 부부를 보아도 그러하니 장 씨는 최 씨 없으면 못 산다는 것이 확실히 증명된 것 아니냐고 하며 개구쟁이처럼 호들갑을 떨었다. 그런데 그 남편의 증명 아닌 증명이 증명처럼 보이는 일이 생겼다.

　나의 남동생의 딸이 성장하여 결혼할 나이가 되었을 때였다. 형제끼리 앉아 조카 결혼에 대한 이런저런 이야기하는 도중, 장난스럽게 '또 최 씨는 아니겠지?'라는 말을 농담 반 진담 반 이야기하기도 했다. 그리고 얼마 후, 나의 남동생의 딸이 결혼할 남자를 부모님께 소개하며 인사를 드리도록 집으로 데리고 왔다. 남동생은 딸의 신랑감과 대화하던 중, 이름을 묻게 되었다. 그러자 그 조카사위 감은 당당하게 자신의 이름 석 자를 말했다. 그 이름을 들은 내 남동생은 '이게 무슨 일이냐'라는 듯 너무도 놀랍고 기가 막혀 박장대소하고 말았다. 그리고는 자기도 모르게 순간 이런 말이 튀어나왔다. "또 최냐?" 그것은 그 조카 신랑감의 성이 최 씨였기 때문이었다.

결국 내 친정의 아버지를 비롯한 네 명의 장 씨는 최 씨 없으면 못사는 사람이 되었고, 아니 내 친정엄마를 비롯한 네 명의 각기 다른 최 씨는 내 친정의 장 씨 없이는 못 사는 사람들이었음이 증명되었다. 이제 내 친정 식구 중에 결혼을 앞둔 3명의 장 씨 성의 조카들이 있다. 앞으로 결혼할 이 조카들 배우자의 성씨가 몹시도 궁금해진다.

이 글의 초고를 나의 딸이 읽은 후에 하는 말이 "나도 장 씨를 만났어야 했거늘…" 참고로 내 딸 남편의 성은 김 씨다.

[20190509]

겨울 그리고 화초

　화초를 좋아하는 사람에겐 올겨울이 여간 힘들지 않았다. 연일 이어지는 혹한 속에 아파트 베란다에서 춥다고 항의하는 화초들의 웅성거림이 들리는 듯하였다. 그러나 나는 그 화초들에게 견딜 것을 무언중 명령했고, 그 뜻을 이행했다. 혹한은 근 한 달간 이어졌다. 마음 한구석에선 가엾은 생각이 들기도 하고, 이러다가 정말 다 얼어 죽으면 어쩌나 하는 불안함도 있었다. 그러나 어쩌랴. 그 많은 화초를 들여다 놓을 장소도 녹록지 않았고, 그것들을 옮길 기력도 없었다. 이러한 상황에 마음 독하게 먹고 살아남는 것만이 내 사랑받을 자격이 있음을 은근히 시사하면서 화초들을 있던 그대로 그 자리에 두었다. 기온이 너무 내려가는 날은 은근히 걱정도 되었다. 그렇게 예쁜 자태로 너의 맘을 즐겁게 해 준 우리들에 대한 대가가 이런 것이냐는 화초들의 아우성으로 베란다는 대기업 노조원들의 시위장 같기도 하였다.

아무리 따뜻한 겨울이라도 화초들이 베란다에서 겨울을 나기란 여간 어려운 일이 아니다. 그런데 작년 겨울에 나를 경악하게 하는 일이 있었다. 우리 집 화초 중에 열대 식물인 잎이 널따란 디켄바키아라는 것이 있다. 이것은 별로 신경을 쓰지 않아도 잘 자라는 효자 식물이다. 지난겨울에 가지치기하고 나서 줄기를 버리기에 작은 미련이 있어 베란다 한쪽에 처박아 두고 아무런 관심도 신경도 써 주질 않았다. 그런데 겨울을 지나고 억지로 봄의 기운을 느낄 무렵, 내 눈을 의심케 하는 일이 벌어졌다. 이 천덕꾸러기 식물에 새순이 다닥다닥 돋고 있는 것이었다. 처음엔 내 눈을 의심했다. 가슴이 뛰었다. 안면이 달아올랐다. 주인의 천대에도 아랑곳하지 않고, 추위에 얼어 죽지도 않고, 성실하게 자라 준 것이었다. 그렇다고 잘 자랐으니 알아달라고 뽐내지도 않았다. 미안한 마음이 들었다. 나는 얼른 그 화초를 깨끗이 닦아 그동안의 나를 용서해 줄 것을 은근히 빌었다. 그랬더니 이 화초는 신이 났는지 지난 한 해 동안 얼마나 잘 자라 주었는지 모른다. 우리 집 화초 중에서 가장 멋진 모습으로 변모하였다. 누가 보두지 가장 탐내는 1호 화초가 된 것이다.

 이런 일을 경험한 나는 올해도 마음 한구석에 어떤 기대감을 가지고 화초를 그대로 방치했던 것인데 올겨울은 상상할 수 없을 만큼 추위 내 계산은 철저한 실패라고 생각했다. 물도 주지 않았다. 왜냐면 화초에게 미안한 마음을 숨기고, 또 얼어 죽어가는 화초를 바라볼 용기도 나지 않았기 때문이었다. 그래도 가끔 베란다에 나가 화초들을 들여다보며 작은 목소리로 말했다. "얘들아, 이 추위를 강인하게 잘 견뎌야 훌륭한 꽃을 피울 수 있단다. 나도 너희들을 사랑하지만 멋진 꽃을 피우게 하기 위해 어쩔 수가 없구나." 약간의 낯 뜨겁게, 그리고 조금은 과장된 거짓의 말로 화초를 위로했다. 아니 화초를 위한 것이기보다는 동사하여 없어질 화초가 아까워 나 자신에게 한 위로였는지도 모른다.

연일 영하 10도를 오르내리는 날이 지나고 드디어 최고 기온이 영상으로 오른 어느 날. 다 얼어 죽었을 것을 상상하며 혹 살아남은 화초의 갈증을 풀어주려 베란다로 나갔다.

그런데 노랗게 맺혀 있는 감귤나무의 열매는 지난가을과 같은 상태로 겨울을 잘 버텨내고 있었다. 아니 그보다는 철쭉의 한 종류인 이름 모를 나무에서는 진분홍의 꽃이 지천으로 피고 있었다. 어디 그뿐이랴.

동양란 중에 한 난(蘭) 화분에서는 큰 역사가 일어나고 있었다. 여러 개의 꽃대가 올라오고 있는 것이 아닌가. 화초도 오랜 세월 기르다 보면 싫증이 나기도 한다. 좁은 베란다의 한 부분을 차지하고 있는, 눈길이 가지 않는 여러 개의 동양란이 바로 그것이다. 관심이 없어 물도 잘 주지 않아 다 말라 동사했을 것으로 생각하며 쳐다보지도 않았고, 봄이 되면 갖다버리려 마음먹은 동양란 중에 이름도 잊어버린 화분에서 또 작년 이때와 똑같이 경이로운 일이 생긴 것이다. 나 역시 작년과 마찬가지로 화초에게 미안한 마음을 금할 길이 없었다. 이번에는 천덕꾸러기 동양란에게 말이다. 그리고 사죄하는 뜻에서 거실로 들여와 깨끗하게 닦아주고 속삭였다. 미안하다고, 그러나 다 너(蘭)를 위한 것이었다는 변명과 함께.

아무리 추위가 맹공격해 와도 자신을 잘 지키며 살아남는 화초가 있다. 봄이 되면 들판에 수줍은 듯 푸르게 피어나는 풀들을 보면 이것을 더욱 잘 알 수 있다. 또한 추운 겨울을 잘 견뎌 이겨낸 화초가 봄을 떳떳하게 맞는다. 그리고 그 화초는 당당하게 잎을 내고 꽃을 피운다. 이 이치가 어디 화초에만 해당하는 것일까.

우리의 인생사도 하나 다르지 않음에 새삼 고개를 끄떡이게 된다. 인생을 살다 보면 혹독한 추위도 있고, 견디기 힘든 더위도 있을 터인데 그것을 인내와 끈기로 잘 견디고 극복하고 나면 어떠한 환경에도 굴하지 않는 강인함이 생기게 된다. 그런 사람은 떳떳하고 보람된 인생이 되어 승리의 삶이 될 것이다.

우리 집 베란다의 작은 꿈틀거림이 봄이 오고 있다고 속삭인다.

[20110201]

서울 촌놈과 기차여행

나는 서울 촌놈이다. 서울에서 태어나 서울에서 자라고 서울에서 살고 있으면 서울 사람이지 서울 촌놈은 또 무슨 말인가. 서울 촌놈이라는 말은 앞뒤가 맞지 않는다. 그러나 또 맞는 말이다. 어쨌든 나는 정말 서울 촌놈이었다.

초등학교를 졸업할 때까지 서울을 떠나 시골에는 한 번도 가본 적이 없으니 서울 촌놈 중에 원조 서울 촌놈이다. 사실 수학여행 때 서울을 떠나 본 것 외엔 고등학교 졸업 때까지 시골에 가 본 적이 한 번도 없었다. 그야말로 쌀 나무, 다시 말해 벼는 책을 통해서만 보았고, 공부 시간에 배워 안 정도였다. 지금도 과일나무에 주렁주렁 열린 과일을 보노라면 서울 촌놈의 모습이 아직도 내 속에 내재 되어 있음을 느낀다. 당시 나는 바다를, 논과 밭을, 원두막을 그림과 상상으로만 경험했을 뿐이다. 그러나 서울 촌놈으로 불편함 없이 살았다. 그런데 정말 서울 촌놈이란 사실이 확실하게 입증된 사건이 있었다.

초등학교 5학년 때로 기억된다. 여름 방학을 며칠 앞두고, 이번 방학에 무엇을 할 것인지 들뜬 분위기 속에 자유롭게 이야기를 나누고 있었다. 내가 초등학교 다닌 시절은 지금처럼 여행이 보편화되어 있지 않았고, 수련회 혹은 MT라는 말조차 생소하던 시기였다. 더더욱 외국 여행은 꿈도 꿀 수 없는 때였다. 그렇기에 방학이 되면 친척집을 방문하는 일이 가장 즐겁고 최고로 신나는 일이었다.

그렇기 때문에 아이들 중에 방학 때 방문하여 여러 날 보낼 수 있는 시골에 외갓집이나 친척집을 둔 아이들의 목소리가 가장 컸다. 서로서로 자기가 방문할 시골 친척집에 대하여 부풀려 이야기하고 있었다. 나도 질세라 목소리를 내어 친척집에 갈 것이라고 이야기했다. 그런데 문제는 나에게 그렇게 여러 날 다녀올 친척집이 없다는 점이다. 그도 그럴 것이 친척은 많았지만, 나의 친척들은 전부 서울에, 대체로 한 시간 거리에 살고 있어 금방 다녀올 수 있었고 또 다 비슷한 환경 속에 살고 있었기 때문에 특별한 흥미를 유발할 그 어떤 것도 없었으니 오랫동안 머무를 구실이 안 되었다.

한 친구가 으스대며 말한다. 자기는 시골에 과수원을 하는 외할머니 댁에 기차를 타고 다녀올 것이라고 한다. 고속도로가 없었고 시외버스가 있기는 했지만 그래도 장거리 여행엔 기차가 최고였던 때였으므로 기차를 타고 시골에 간다는 친구가 얼마나 부러웠는지 모른다. 동시에 서울에만 살고 있는 친척들이 원망스러웠다. 기차를 머릿속에 그려 보며 기차여행을 하는 나의 모습을 상상해 보기도 했다.

내 머리 속은 온통 기차여행으로 가득 찼다. 그런데 담임선생님께서 갑자기 기차 못 타본 사람 손들어 보라는 것이었다. 머릿속이 온통 기차로 가득 차 있던 나는 손을 번쩍 들고 말았다. 그런데 이게 웬일인가. 90명 남짓한 우리 반 아이 중에 기차를 못 타본 사람이 나 외에도 분명히 있었을 것인데 무슨 이유에서인지 손을 든 사람은 나 한 사람뿐이었다. 선생님은 나에게 방학 중에 기차 한 번 타볼 것을 권했다. 그래서 선생님의 준엄한 명령(?)에 순종하겠다고 대답했다. 그런데 문제는 기차를 타고 갈 곳이 없었다. 그야말로 완전히 서울 촌놈임이 온 천하에 증명되는 역사적인 날이 되고 말았다.

경운기도 생겨나기 전 이기에 시골의 교통수단은 사람의 두 다리와 소달구지, 그리고 자전거뿐이었다. 그때에는 자동차를 못 타본 사람을 그야말로 촌놈이라고 해야 맞는 말인데 오히려 지겹도록 자동차를 타고 다니는 내가 친구들 앞에서 완벽한 촌놈이 되고 말았다.

정말 나는 자동차는 지겹도록 탔다. 그 이유는 학교가 집에서 멀리 있어 버스를 타고 학교에 다녔기 때문이다. 가끔 아버지의 출근 시간이 나와 맞을 때면 당시엔 귀한 지프(JEEP)에 몸을 싣기도 할 정도였다. 이런 서울 아이가 서울 촌놈이 되는 결정적인 날이 되었다. 한 마디로 촌을 모르는 촌놈이었다. 하기야 소달구지도 말로만 들었고 그림으로만 보았으니 서울 촌놈은 촌놈임에 틀림없는 사실이었다.

 드디어 여름 방학이 되었다. 나는 기차를 꼭 타야만 한다고, 선생님의 숙제라고 엄마를 졸랐다. 그러나 방법이 없었다. 그런데 당시엔 지금은 일부만 남아있는 서울교외선이라는 기차가 있었다. 서울 서부역을 출발하여 신촌역을 거쳐 능곡, 일영, 송추 등을 지나 다시 서부역으로 되돌아오는 순환 철도였다. 나에게 이런 기차가 있다는 것은 황금 같은 기쁨의 큰 소식이었다. 이 열차는 마치도 나 같이 기차 한 번 못 타본 서울 촌놈을 면하게 하려고 존재하는 것만 같았다.
 부모님을 졸라 서울역에서부터 신촌역까지 기차를 타보기로 했다. 첫 경험! 무슨 경험이든 첫 경험은 설레고 기대되지만, 그 기대 속에 두려움도 있다. 나의 기차 타기 첫 경험도 마찬가지였다. 타자마자 내릴 정도의 짧은 거리이지만, 서울역에서 신촌역까지! 이것이 내 인생에 첫 기차여행이 되었다. 물론 기대했던 기차 안에서의 삶은 달걀 등의 군것질은 희망 사항으로만 존재하였다. 드디어 나도 그렇게 그리던 기차를 타보았다. 나도 서울 촌놈이 아니라고 떳떳이 말을 할 수 있는 경험을 한 것이다.

　며칠 전, KTX를 탔다. 불현듯 서울 촌놈 딱지를 면하게 해 준 나의 첫 기차여행이 생각났다. 나는 가슴 설레던 그때의 그 경험을 마음 깊이 또렷하게 간직하고 있다. 50여 년 전 일이지만 내 뇌리의 생생한 기억을 조심스레 열었다. 그리고는 느리고 소음 많고 이상한 냄새의 추억이 있는 이 고마운 서울교외선을 가만히 그려 보았다. 비록 몸은 현대식 열차에 있었지만, 마음은 조촐한 서울교외선에 가 있었다.

[20120213]

휴가와 코로나19

언제부터인가 우리나라에 휴가 신드롬이라는 말이 생겨났다. 5일 근무제가 시행되면서부터 본격적으로 휴가가 새로운 이미지로 부상된 것이다. 선택사항이었던 휴가가 어쩌면 이제는 필수가 되어 버린 감이 있을 정도로 휴가를 즐기는 풍토다. 언제나 여름이 되면 자녀들은 방학을 하고 직장에서는 으레 휴가를 준다. 그리고 그 휴가 기간에 학생들은 학교 다니느라 찾아뵙지 못한 친척들을 찾아가는 것이 큰 과제였고, 기쁨이었고, 즐거움이었다. 그 외에 다른 어떤 곳을 꼭 가야 한다고 생각하지 않았다. 기껏 간다면 가까운 계곡이나 수영장 등이 전부였다. 이처럼 지금의 방학 풍경과는 사뭇 다른 모습의 방학이었다.

좀 지나치게 말하면 요즘 아이들은 방학하면 비행기를 타고 외국에 다녀와야 하는 것이 방학 중에 해야 하는 필수과제처럼 되어 버렸다. 해외여행을 다녀와야만 방학을 잘 보낸 것이라는 생각이 대부분의 아이들 생각이다 보니 개학한 후에는 친구들끼리 방학 중의 다녀온 곳에 관한 이야기로 꽃을 피운다. 그래서 외국에 다녀오지 못한 친구들은 다녀온 친구들과 위화감이 생기고 열등감과 함께 주눅이 들기도 한다는 것이다. 그러니 형편이 안 되는 부모들은 빚을 지면서까지 해외여행을 보낸다고 한다. 마치 경쟁이라도 하듯 말이다.

그런데 올해는 코로나19라는 보이지도 않는 바이러스가 이러한 세태를 완벽하게 차단해 버렸다. 형편이 안 되어 해외에 못 가는 사람이나 그밖에 다른 이유로 못 가는 사람이나 마찬가지가 되었다. 코로나가 모두의 발목을 잡은 것이다. 그렇게 되고 나니 차별화되지 않은 좋은 점도 있지만, 부모들에게는 자녀들의 긴 방학을 어떻게 보내게 해야 할지 큰 숙제가 하나 생겼다.

휴가는 꼭 어디를 가야만 하는 것인가? 휴가라는 단어는 한자에서 온 단어로서 '쉴 휴(休)'와 '겨를 혹은 한가할 가(暇)'가 한데 붙어 생긴 단어이다. 그러니까 글자 풀이를 해 보자면 '쉬는 겨를' 즉 쉬는 기간이라는 말이 된다. 분주하게 어디를 다니는 것이 아닌 쉼이 휴가라는 말이다. 그러고 보니 코로나19가 우리에게 휴가에 관한 생각을 새롭게 하는 계기가 되었다.

이제 휴가의 진정한 개념을 알았으니 진짜 휴가를 즐기면 된다. 그러니까 코로나로 인해 해외로 나갈 수 없는 것을 애석해하고 안타까워할 필요가 없다. 진정한 휴가는 해외로 가야만 하는 것이 아니다. 진정한 휴가란 앞만 보고 달려왔던 일에서 탈출하여 몸과 마음을 쉬게 하는 것이니까 말이다.

현대인은 바쁘다. 유치원생도 바빠 죽을 지경이라고 한다. 이런 일상의 바쁨을 벗어나고 싶어 방학을 기다린다. 방학을 통해 쉬기를 원하는 것이다. 그래서 휴가가 있건만 최근의 휴가는 일상의 바쁨보다 더 바쁘고 분주하기만 하다. 오죽하면 휴가를 다녀온 후에 그 휴가를 위한 또 다른 휴가를 보내야 한다는 우스갯소리까지 생겨났겠는가.

진정한 쉼을 위해 휴가를 줘야 한다면 사실 내 나라의 고즈넉한 곳이 휴가를 즐기기에 훨씬 더 좋다. 사실 우리나라가 작은 나라라고 하지만 우리가 가 볼만한 곳은 수도 없이 많다. 내 나라 지리에 대해 좀 더 알아야 할 필요도 있고, 또 역사적인 일들에 대해서도 알아야 한다.

울창한 숲이나 넘실거리는 바다도 좋다. 또한 계곡은 어떠한가? 아니면 시원한 실내에서 펼쳐지는 음악회나 전시회 등을 돌아보는 것도 멋진 휴가다.

그것도 저것도 안 된다면 일상의 분주함에 밀려 하지 못했던 것을 하면 된다. 바빠서 하지 못한 가족 간의 대화를 한다든가, 못 읽은 책을 읽는다든가, 마음의 먼지와 묵은 때를 벗겨내는 그 어떤 것을 한다면 그야말로 휴가를 휴가답게 멋지고 알차고 유익하게 보내는 것이 될 것이다.

　여름을 유난히 싫어하는 나지만 휴가로 많은 사람이 떠나 조용한 도시의 모습을 보며 애써 여름을 느껴 본다. 숲이 아닌데도 매미 소리는 저마다의 소리를 내며 요란하다. 어디에서 날아왔는지 모를 고추잠자리가 맴돌고 있다. 여름의 하늘은 뭉게구름이 여유 있게 떠다니고 그 사이로 보이는 파란 하늘이 매력적이다. 또한 따사로운 태양의 이글거림은 가을 들녘의 풍요로움을 미리 보게 한다.

　이따금 불어와 얼굴을 감싸는 바람은 에어컨이나 선풍기 바람과 비교가 안 될 만큼 감미롭다. 더위 속에 갑자기 쏟아지는 소나기는 얼마나 우리에게 시원함을 주는지 모른다.

　가만히 생각해 보면 여름 무더위는 더위와 짜증만 주는 것이 아니라 휴가와 더불어 많은 것들을 우리에게 선물한다. 그리고 삶에 대해 생각을 하게 한다. 끝도 없이 펼쳐질 생각의 바다로 달려가 보자. 이것이 휴가다. 진정한 휴가다. 나의 휴가는 이미 시작되었다.

[20200810]

나의 외갓집

　어느 유명한 문인이 쓴 〈외갓집 가는 길〉이라는 제목의 글을 본 적이 있다. 한 편의 동양화가 떠오르며 그 마음에 있는 그리움이 읽어졌다. 나도 명절이 되면 마음속으로 고즈넉한 동화 속의 그림 같은 이상적인 나의 외갓집을 아련한 그리움을 가지고 그려 본다. 그것은 실제와는 전혀 다른 시골 풍경 속에 있는 외갓집이다. 그러나 내가 그릴 수 있는 외갓집 가는 길은 덕수궁 돌담과 남산과 한강이 내려다보이는 집이 전부다.

　외갓집이라 함은 어린 시절을 생각할 때 동화 속에 아련히 떠오르는 멋지고 훈훈하고 따뜻함이 가득한 그런 곳이다. 그런데 내 기억 속에 있는 외갓집은 엄마 손을 잡고 찾아가서 맘껏 풀어져도 되는, 아스라한 그리움이 밀리게 하는 그런 외갓집은 아니다. 어떤 친구의 외갓집처럼 기차 타고 갈 수 있는 곳도 아니고, 동네 어귀에 느티나무가 있는 동네도 아니다. 더욱이 논둑 밭둑 지나서 가는 그런 마을도 아니다. 내 고향이 서울이고, 내 어머니의 고향이 서울이기에 시골의 정겨움과 향수가 느껴질 그런 외갓집은 없다. 나의 외갓집은 아스팔트 길을 휘발유의 도움을 입어야 갈 수 있는 곳이며, 여름이면 잘 익은 수박이며 참외를 따서 먹을 수 있는 곳이 아니라 돈을 주고 가게에서 사 먹어야 하는 곳이다. 그렇기에 내 맘 한구석이 늘 비어 있은 것 같은 허전함이 있는 것도 사실이지만 마음속에 내가 원하는 외갓집을 늘 그리며 살았다.

어머님이 사시던 집은 아흔아홉 칸 집은 아니지만 지금도 아련히 높고 큰 대문이 그려지는 아주 멋진 조선 기와집이다. 어릴 때의 기억이니 지금 본다면 초라하게 보일지도 모른다. 그러나 어쨌든 우물과 수도꼭지가 함께 존재하는 마당에는 더운 여름에 그늘이 되어 주고 또 맛있는 열매를 선사하는 살구나무가 의연히 서 있었고, 그 옆엔 우리의 식탁과 건강을 책임지는 간장, 된장 등 각종 장이 담긴 항아리와 나보다 더 크고 긴 독들이 가지런히 놓여 있는 장독대가 있었다. 그리고 뒷마당엔 여러 그루의 앵두나무가 있었던 기억이 있다. 안방과 건넌방 사이엔 널따란 대청마루가 있고 그 대청마루 뒤로 작은 쪽문이 있었는데 그 문은 내 어머니의 고종사촌댁 대청마루의 쪽문과 마주하였다. 그리고 마당 한쪽엔 어린 마음에 조금은 어둡고 으스스하게 여겨지는

창고가 있었다. 아마도 그곳은 곡식을 저장해 두는, 고부간의 갈등을 조장하는데 일등 공신이 되는 일명 곡간이 아닌가 싶다. 그 속을 들여다보면 납량특집에 나오는 귀신이 거처하는 곳처럼 거미줄부터 시작해서 온갖 잡동사니들로 가득 차 있었다.

내가 아주 어릴 적엔 어머님이 사시던 집에 외삼촌이 사셨기에 가끔 가 보았던 기억이 희미하게 남아 있다. 이것이 내 마음에 유일하게 남아 있는 외갓집의 외형적인 모습이다. 그 후로 외삼촌은 다른 곳으로 이사하셨고, 지금은 동네의 모양조차 사라져 그 자취를 찾아볼 수 없다.

외갓집은 무언지 모를 훈훈함과 따스함이 서리는 단어다. 외할머니의 그윽하고 깊은 사랑이 있는 곳이 외갓집이다. 그런 곳이 외갓집이기에 누구에게나 외갓집에 대한 향수가, 추억이 있다.
내가 가장 부러워했던 것은 외갓집이 기차 타고 가는 시골에 있는 친구였다. 그중에서도 외갓집이 과수원을 하는 아이들이었다. 방학이 되면 시골에 간다고 좋아하는 아이들이 정말 부러웠다. 나의 친척들은 모두 다 서울에 살았기 때문에 호기심을 가지고 갈 곳이 없었다. 내 어머니는 왜 서울에서 태어나서 나에게 시골 외갓집을 제공하지 못하는지 그것이 늘 원망스러웠다. 방학만 되면, 명절만 되면 그것이 나를 가장 불행하게 하였다.

외갓집은 아니더라도 갈 시골이 한 곳도 없는 나였다. 그도 그럴 것이 나의 아버지는 고향이 평양으로 6·25 때 월남하시어 서울에 정착하셨다. 그러다 보니 나에겐 이모든 고모든 시골에 사시는 분이 한 분도 안 계셨다. 이런 환경에서 자란 나는 시골에 대한 막연한 동경심을 가지게 되었다. 또한 시골이 마치 천국이기라도 하듯이 시골을 그리워하며 자랐다. 가 보지 못한 곳에 대한 막연한 그리움으로 상상력을 총동원하여 시골을 그려 보기도 했다. 물론 내가 그리워하는 시골은 힘들고 불편한 실제의 시골이 아니라 아름답게 포장된 내 나름대로 그려 보는 동화 속의 시골이었다. 지금도 실제로 경험하지 못한 시골이기에 더 향수를 느끼는지 모른다. 시골의 실제를 모르기에, 시골에서 살아 본 적이 없기에 시골의 불편함을 피상적으로만 알 뿐 시골이 주는 멋에만 취해 사치스러운 환상에 젖었다고 핀잔을 받을지도 모르겠다.

뉘엿뉘엿 해가 저무는 들판이 무척이나 아름답게 여겨져 가슴이 저려온다. 한적한 곳에 있는 소박한 집 굴뚝에서 수줍게 피어 나오는 연기는 내 마음을 풍요롭게 한다. 자녀를 위한 어머니의 정성과 사랑이 느껴진다. 어쩌면 언제 올지도 모를 손자를 기다리며 손자에게 줄 무엇인가를 만드는 외할머니의 애틋한 사랑이 연기가 되어 모락모락 피어오르는 것은 아닐까?

방학이 되면, 명절이 되면 그리고 분주한 도시 생활에서 지치고 힘들 때 찾아가고픈 곳이 외갓집이다. 시골에 외갓집이 없는 것이 안타깝다. 그러나 비록 외갓집이 시골은 아니지만, 시골같이 소박하고 정이 넘치는 외갓집이 있었음을 감사한다. 찾아갈 시골보다 더 시골 같은 정이 있는 외할머니가 보고 싶다. 외갓집이 그립다. 외할머니의 눈빛에서 흘러나오는 그윽한 사랑이 그립다.

이제 조금 있으면 나도 외할머니가 될 것이다. 그때 손자에게 내 마음에 풍성한 추억을 준 그 외갓집처럼 푸근한 외갓집이 되고 싶다.

[20110205]

오누이

오누이는 단어 자체만으로도 마음이 짠해진다. 그래서 그런지 오누이의 살뜰한 정이 그려지는 시나 노래가 많다. 그만큼 오누이의 관계는 요란하지 않고 구들에 온기가 서서히 올라오는 것 같은 정겨운 사이다.

김용호 님의 시 〈눈 오는 밤〉에 나타난 한적한 시골에서의 오누이의 대화만큼 정겨운 대화가 또 있을까? 질화로의 불보다 더 뜨겁고 더 오래가는 오누이의 다함 없는 아름다운 사랑을 엿볼 수 있다.

"오누이들의
정다운 이야기에
어느 집 질화로엔
밤알이 토실토실 익겠다."

이렇게 시작되는 〈눈 오는 밤〉을 읽으면 난 내 남동생의 어릴 적 모습이 떠오른다.

내 남동생은 나에게 오누이의 자격을 만들어 주었다. 겉으로는 비록 밤알이 토실토실 익는 것처럼 살뜰하게 보이지는 않지만, 속마음은 그보다 더 깊고 진한 사랑이 있었다. 지금은 더구나 나와는 같은 길을 가고 있어 서로의 아픔이나, 힘듦이나 기쁨이나 고통까지도 말 안 해도, 말 없어도 어느 정도는 이해하고 눈빛만으로도 격려함을 느낄 수 있으니 한 하늘 아래에 사는 것만으로도 감사할 뿐이다.

나의 형제는 4남매로 여자 형제 셋에 남자 형제 오직 한 명이다. 그런데 참으로 신기한 것은 첫째와 셋째가 기질이나 성격이나 생긴 모습에까지 비슷하고, 둘째와 넷째가 또한 그러하다. 어릴 때 의견의 충돌로 다투기라도 하면 억지로 나누지 않아도 언제나 그렇듯이 둘씩 나누어지기도 했다.

첫째인 나와 셋째인 남동생은 내향적인 데 반해 둘째 여동생과 막내인 여동생은 외향적이고 적극적인 성격을 가졌기에 언제나 소극적인 나와 남동생이 손해를 보는 편이었다.

셋째인 내 남동생은 여자 형제들 틈에서 자라 그런지는 몰라도 참으로 여자같이 여린 성격의 소유자다. 말썽이라는 것을 한 번도 피워 본 적이 없다. 깔끔함을 말할라치면 세상에서 두 번째 가라면 서러워할 만큼, 결벽증이 있다고 할 만큼 깔끔했다. 자신의 주변을 정리 정돈하는 것은 물론 방 청소를 할 때도 반들반들하게 하곤 했다. 또한 서랍 정리도 우리 여자 형제들보다 더 깨끗하게 그리고 주변도 반듯하게 정돈하는 동생이었다. 꾀도 부리지 않아 일을 시키면 얼굴에 땀방울이 송송 맺히도록 열심히 했다.

이렇게 꼼꼼한 성격의 소유자로 말도 없고 동정심도 많았고 눈물은 또 얼마나 많았는지 모른다. 어쩌다 꾸중을 들으면 눈에서 먼저 눈물이 그렁그렁했다. 게다가 동정심마저 많으니 얼마나 눈물을 잘 흘렸겠는가? 이렇게 순한 성격 탓에 그럴 때마다 아버지의 꾸중을 들어야만 했다. 아버지로서는 하나밖에 없는 아들이 남자처럼 씩씩하지 못한 모습이 싫으셨던 것 같다. 충분히 이해가 간다. 잘못해서가 아니라 심약한 모습 때문에 말이다. 남에게 맞고 들어올망정 누구를 때리고 들어온다는 것은 상상도 할 수 없었을 뿐만 아니라 실제로 한 번도 남에게 피해를 주거나 손찌검을 한 적이 없었다. 아버지는 한 번쯤은 때리고 들어오기를 바랐으나 그것은 되지도 않을 요구에 불과했다.

이러한 동생이 정말 잊을 수 없이 내 마음에 남아 있는 너무도 아름다운 모습이 있다. 그것은 교회에서의 자세였다. 꼭 무릎을 꿇고 앉아 두 손을 가지런히 모으고 예배를 드렸던 그 모습은 누나인 내 눈에 사무엘처럼 보였다. 이 모습이 어른들 눈에 뜨이지 않을 리 없었다. 많은 선생님도 귀하게 보았던지 칭찬을 아끼지 않으셨다. 내 동생은 심지어 소매 없는 옷을 입지 않으려 해서 엄마와 실랑이하던 모습이 지금도 눈에 선하다.

내가 지금도 잊지 못하고 고마워하는 사건이 있다. 그것은 내가 중고등부(그때는 학생회라고 했다) 회계를 맡았을 때의 일이다. 어느 주일 아침에 학생회 회비를 가지고 교회로 가다가 버스 안에서 소매치기를 당했다. 중학생으로서는 적지 않은 액수의 돈을 모두 잃어버린 것이었다.

그때 초등학교 4학년이던 동생은 절약하여 저금통에 간간이 모아놓았던 돈을 내놓았다. 돈을 잃고 괴로워하는 큰누나의 모습이 안타까웠나 보다. 빌려 달라고 해도 주기 싫을 수 있는데 아무런 말도 없이 아낌없이 내게 주었다. 물론 그 돈은 내가 잃은 것에 비하면 아주 적은 액수였으나 그 마음은 너무도 큰 것이었다. 그것은 동생 자신이 가지고 있는 돈의 전부였으니까.

동생은 그렇게 자랐기에 그 모습에서 나타나는 인상도 편할 뿐 아니라 주위의 사람들도 동생을 선대했다. 내 남동생은 글을 잘 썼다. 백일장 대회가 열리면 한 번도 놓치지 않고 상을 받아왔다. 순발력이 얼마나 뛰어난지 많은 사람과 함께 있으면 웃음꽃을 선사할 정도로 유머 감각도 뛰어나다. 이렇게 착하고 성실하고 착실하니 친구도 많았고, 어른들에게 인정을 받았지만, 아버지는 늘 불만이셨다. 그것은 씩씩하게 기르려는 아버지의 바람과 사뭇 다른 모습이었기에 그러셨던 것 같다.

그러나 아버지의 동생에 대한 불만스러운 생각은 철저한 기우였다. 착하고 성실하고 믿음으로 자란 동생이었기에 60을 넘긴 지금까지 세 자녀의 아버지로서 가장의 역할과 한 교회의 담임목사로 그 누구보다도 자신의 역할을 잘 감당하고 있다. 이보다 더 감사한 일이 또 있겠는가.

게다가 아버지의 불만을 다 알면서도 그런 것 개의치 않고 정성을 다하여 부모님을 섬긴다. 그것이 너무도 기쁘고 아름답고 고마울 뿐이다. 그리고 자격 없는 이 못난 누나의 아픔도, 갈등도 잘 이해하고 조언하는 좋은 동역자다.

다시 어린 시절로 갈 수만 있다면 내 동생에게 더 좋은 누나가 되고 싶다. 언제까지나 좋은 누나로 남고 싶다. 오누이라는 단어가 주는 분위기처럼 그렇게 오순도순 살고 싶다.

지금도 오두막집 질화로엔 오누이의 대화와 함께 알밤이 잘 익어가고 있다. 잘 익어가는 밤알만큼 사랑도 익어간다. 그것이 우리 오누이의 모습이다.

[20110930]

올해도 과꽃이 피었습니다

"올해도 과꽃이 피었습니다. 꽃밭 가득 예쁘게 피었습니다. 누나는 과꽃을 좋아했지요. 꽃이 피면 꽃밭에서 아주 살았죠. 과꽃 예쁜 꽃을 들여다보면 꽃 속에 누나 얼굴 떠오릅니다. 시집 간지 언 삼 년 소식이 없는 누나가 가을이면 더 생각나요."

무더위를 지나 소슬한 바람이 불어오고 하늘이 푸르러지기 시작하면 화려했던 꽃밭은 쓸쓸해지기 시작한다. 그때 눈에 뜨이는 꽃이 바로 과꽃이다. 그 꽃을 들여다보고 있노라면 이 노래가 저절로 생각나서 흥얼거리기 시작하고 내 머리를 도화지 삼아 가사 속의 내용을 맘껏 그려 본다.

이 꽃 속의 주인공은 가을이 되어 누나와 함께 꽃밭에서 행복했던 시절을 그리워한다. 비록 누나는 없지만, 추억을 지닌 꽃을 마치 누나와 함께하듯 들여다본다. 이렇게 보고 싶은 누나를 그리워하는 한 소년의 모습이 선명하게 그려진다. 이렇듯 이 노랫말 속에는 오누이의 살뜰한 정이 가득 배어있다. 사무치도록 보고 싶은 누나에 대한 동생의 그리움이 그려지고, 시집가 한스러운 시집살이로 힘겹게 살아가며 동생을 그리워하는 누나의 모습도 그려진다. 그 누나가 때로는 내가 되기도 하고 누나를 그리는 그 모습이 내 남동생이 되기도 한다.

국화도 아닌 것이 국화 비슷한 모양으로 가을에 피는 이 꽃은 꽃술의 양은 참으로 넉넉하지만, 그 모양이 특이하지도 않고 꽃잎의 특징도 별로 없다. 그렇다고 향이 짙은 것도 아니다. 그저 수수하게 자라고 있어 간과하기에 알맞은 꽃이다.

그럼에도 불구하고 이 꽃에 남다른 애착이 가는 데에는 그만한 이유가 있다. 그것은 아주 작지만 아름다운 추억이 깔려 있기 때문이다. 어린 시절에 수도 없이 많은 동요를 불렀지만, 그중에서 가을이 되면 즐겨 부르고 내 입에 자주 오르내리던 노래가 바로 '과꽃'이란 노래이다. 어느 날, 이 꽃과 연관된 작은 추억을 생각하며 꽃말을 찾아보고는 깜짝 놀랐다. 이 과꽃의 꽃말이 '아름다운 추억'이 아닌가? 이 꽃말은 마치 나를 위해 지어진 것 같았다. 이 꽃과는 반드시 추억이 있어야만 할 것 같은데 나는 그 추억이 있으니 참으로 나를 위한 꽃이 아니고 무엇이랴.

이 꽃을 보고 있노라면 입가에 무엇인지 모를 아련한 미소가 드리운다. 내 나이가 비록 곧 노인의 반열에 들어갈 나이인 지금까지도 그렇다.

　나의 친정집엔 항상 자그마한 꽃밭이 있었다. 나의 어머니는 꽃을 유난히 좋아하셔서 한 뼘의 땅도 귀한 서울이지만 아무리 작은 면적의 땅이라도 있을라치면 꽃밭을 일구셨고 거기에 화초를 심으셨다. 그 꽃밭에는 계절에 따라 여러 가지 꽃들이 지루하지 않게 번갈아 피어 계절을 알려 주었다. 특히 가을에는 분홍색, 흰색, 보라색의 과꽃이 피어났다. 덩굴장미의 우아한 자태도 아닌 약간은 촌스럽게 그러나 우직하게 피어 있는 과꽃은 마치 무슨 애틋한 숨은 이야기를 간직한 양 가을 꽃밭을 장식했다.
　결혼 초반기의 일이다. 남편의 늦은 유학으로 인해 나는 친정에서 어린 딸과 함께 근 3년을 살았다. 한 마디로 친정에서 더부살이한 것이다.
　가을 어느 날, 꽃밭에 피어 있는 과꽃을 보며 과꽃 노래가 연상되어 혼자서 흥얼거렸다. 그때, 나의 흥얼거림을 듣던 하나뿐인 남동생이 "내 누나도 시집 간 지 3년이나 소식이 없다면 어떨까? 한 번 그래 봤으면 좋겠어."라며 익살스럽게 말했다. 그러나 의미 있는 웃음과 함께 머쓱 해했다. 나도 미소만 지었다. 이 말은 누나가 3년이 되도록 어린 조카와 둘이서 친정에서 사는 모습이 안쓰러워하는 말임을 너무 잘 알기에 겉으로는 웃었지만, 마음 한구석에 아리한 아픔이 해일처럼 밀려왔다. 그리고 동생에게, 친정 식구들에게 맘 걱정을 끼쳐 미안한 마음이 컸다.
  그 후, 남편의 귀국으로 시집 간 지 3년 동안 소식이 없는 누나가 아닌, 3년 동안 날마다 보던 누나가 3년 만에 친정을 떠났다.

  화초 시장에 가서 꽃들을 고르던 중 과꽃이 한적한 곳에 피어 있었다. 봄에 씨를 뿌리면 가을에 꽃이 피는 흔한 꽃이지만 내 과꽃 사랑은 근 30년이나 이어졌으니 그 꽃 앞에서 발이 멈춘다. 분홍색, 흰색, 진보라색의 세 종류를 사들이어 화분에 심었다. 올해는 꽃밭도 아닌 베란다에, 그것도 화분 가득히 심었다.
  지금도 이 꽃을 보고 있노라면 그때 남동생이 한 그 말이 떠오르곤 한다. 농담 삼아 한 그 말이 이렇게 가슴 속에 남아 추억거리가 되었다. 그 후로 과꽃에 대한 내 생각이 달라졌다. 이 노래는 마치 내 노래인 듯 과꽃을 사랑하게 되었다. 가을만 되면 이 과꽃에 유난히 눈이 간다. 마음이 간다. 그리고 동생이 생각난다. 지금도 그때의 한 말을 이야기하며 동생과 웃는다.
  한 시간만 달려가면 만날 수 있는 우리 오누이지만 마치 멀리 있는 것처럼 마음의 애틋함을 애써 가져본다. 마치 지금도 정말 한 3년을 못 본 것처럼 동생이 보고 싶어진다. 그러는 사이에도 베란다 꽃밭에서는 꽃들끼리 속삭인다. 올해도 과꽃이 피었다고.

[20110927]

깊어가는 가을

예년 같으면 지금쯤의 산하는 하루하루가 다르게 울긋불긋해졌는데 올해는 아직도 푸른빛이 더 많다. 여름이 가기 싫어 그런 것인지 가을이 오기 싫어 그런 것인지 모르겠다. 올해 여름은 코로나19가 허가 없이 지구촌을 엄습해서 여름다운 여름을 보내지 못한 듯 서운함이 있다. 더위도 그리 심하지 않았을 뿐만 아니라 장마도 유례없이 길었고 태풍의 방문도 잦았다. 비의 덕도 본 듯 가을의 하늘은 유난히 높고 푸르다. 푸른 하늘에 떠 있는 흰 구름 역시 여러 가지 모양을 만들며 한가하고 여유롭게 내 눈으로 들어와 마음에 안긴다. 비록 나뭇잎으로는 가을을 느끼기에 아쉬움이 있지만 소슬한 바람과 푸른 하늘은 역시 가을임을 알려 준다.

중학교 2학년 때로 기억된다. 교회에서 중고등부 회지를 만들었는데 그때 나는 〈깊어가는 가을〉이라는 제목으로 글을 썼다.

인생을 얼마 살지 않은, 인생으로 치면 막 봄을 맞으려는 애송이 소녀가 가을에 대한 정서를 얼마나 가지고 있어 그런 글을 썼을까? 무엇을 어떻게 썼는지 지금은 아득하지만, 가을이 주는 선선함과 풍요로움 그리고 아름다운 산하가 주는 정서를 나름 표현했을 것 같다. 그럼에도 불구하고 그 글 마지막 부분에 '깊어가는 가을과 함께…'라고 썼던 것만은 아직도 선명하게 마음에 남아있다. 말없음표가 말해주는 메시지는 지금도 나에게 '말이 없음'으로 말하고 있다. 50여 년 전인 그때를 생각하며 나는 지금도 깊어가는 가을이라는 제목의 글을 쓰고 있다.

이상하게도 해마다 여름 끝자락에 이르면 곧 다가올 가을에 대해 욕심이 생긴다. 세월 가는 대로 그대로 보내면 안 될 것 같은 숙제를 잔뜩 안은 것만 같다. 그것은 가을이 실제로 주는 멋보다 더 멋지게 보내고 싶은 기대감과 꼭 그렇게 해야만 할 것만 같은 조용한 명령의 부담감인지도 모르겠다. 기대 속에 가을을 맞이하고 그 기대가 나를 충족시켜 줄 것을 또 기대하다 보면 어느새 가을은 가고 겨울이 내 맘을 두드린다. 그렇게 가을 맞기를 얼마나 했을까? 올해도 별다른 이변 없이 이제껏 해 오던 대로 가을을 맞고 또 지금도 막연한 어떤 기대 속에 가을을 보내고 있다.

여름을 잘 보낸 사람은 찾아온 가을이 즐거울 것이고 그 즐거움은 또한 겨울로 이어질 것이지만 여름이 만족스럽지 못한 사람은 가을을 기대할 자격이 없을지도 모른다. 인생의 가을도 마찬가지일진대 나는 어디에 속하는지 생각해 본다. 그런데 지난여름은 코로나19로 인해 조금은 힘들고 우울했다. 정신 차리고 보니 가을이 벌써 깊숙이 들어와 있었다. 비록 코로나라는 불청객이 있어 불편하고 힘들었지만, 또 한 번의 여름을 잘 보냈음을 스스로 칭찬하고, 잘 보내게 하신 하나님께 감사한다.

  가을의 대명사인 푸른 하늘과 소슬한 바람과 이따금 철 이르게 떨어지는 나뭇잎과 점점 변해가는 산과 들의 정경들이 완벽한 가을의 한 중앙에 있음을 자연스레 알리고 있다. 깊어가는 가을이 저 멀리서 손짓하며 달려오고 있다. 그 손짓은 가슴에 작은 파도를 일으키며 너울지듯 밀려오고 가을의 상념들이 애잔함을 남긴다.

  작은 국화꽃 속에도 가을이 익어가고 있다. 창밖의 나무 모습도 가을이 익어 감을 알리고 있다. 가을을 즐기는 사람들은 익어가는 가을의 아름다움을 하나라도 놓칠세라 부지런히 카메라에 담는다. 선선한 바람과 높은 하늘이 보이기 시작하면 문득 발걸음이 멈춰진다. 갑자기 달력 위로 눈이 간다. 그냥 무심코 보던 달력이건만 새삼스럽다. 살아온 날들이 생각나기 때문이다. 어느새 인생 가을 속에 있는 내가 보인다. 나를 세상에 보내신 주님이 기대하는 나의 가을은 제대로 맞은 것일까? 과실나무는 제각기 탐스럽게 주렁주렁 매달린 열매를 뽐내며 가을을 맞는데 인생 가을인 나는 어떠한가. 그리고 올 한 해에 맺힌 나의 열매는 무엇인가. 한낱 미물도 작은 열매를 맺어 그 주인에게 기쁨을 주건만 나를 창조하신 하나님께 나는 무슨 열매를 드릴 것인가? 많은 생각이 나 자신을 보게 한다.

이렇듯 깊어가는 가을은 언제나 많은 생각을 하게하며 그 생각들은 내 맘을 자극한다. 높아 가는 가을 하늘만큼만 나의 모든 삶의 것들이 높아지기를, 선선하고 온화한 날씨만큼만 나의 모든 것이 순탄하기를, 들판에 익어가는 곡식만큼 겸손해지기를 이 가을에 다시 주문한다.

슬슬 한 해를 마감할 준비를 해야 한다는 생각에 마음이 바빠진다. 저물어가는 한 해가 점점 더 선명하게 보여 온다. 이제 곧 겨울이 오리라는 암시까지 서슴지 않는다. 지금 나는 깊어가는 인생의 가을 속으로 열심히 걷고 있다. 그리고 곧 겨울을 만날 것이다.

거울을 본다. 웬 할미 한 사람이 거기에 서 있다. 깜짝 놀라 물었다. "당신 누구요?" 그 할미는 말이 없다. 다만 잎이 무성한 싱그러운 나무 같은 젊음의 앞모습을 자랑하던 때를 지나, 모든 잎이 다 떨어져 없는 겨울의 나목 같은, 쳐다보라고 말해야 가까스로 바라보게 되는 나의 뒷모습으로 내가 누구인지를 답하고 있다. 깊어가는 가을과 함께…

[20201007]

저자 장경애

1955년 서울 출생
무학여자고등학교(29회)
숙명여자대학교 교육학과(문학사)
전 중학교 국어 교사
수필로 한국 문단 데뷔(2013)

나는 남편이 없습니다

초판 1쇄 발행 2021년 3월 2일
저 자 장경애
발 행 인 장경덕
발 행 처 도서출판 한국교회문화사
소 재 지 서울시 종로구 대학로 19, 303호(연지동, 한국기독교회관)
신고번호 제300-1995-63호 / 1995. 4. 24.
전화번호 02-747-1117 / 인터넷신문 〈교회와신앙〉
주 문 처 031-571-0191 / 빛과소금교회
ISBN 978-89-959953-8-9

가격은 표지 뒤에 있습니다.
잘못 만들어진 책은 바꾸어 드립니다.
이 책은 저작권법의 보호를 받는 저작물이므로 무단전재 및 무단복제를 금합니다.